Jean Nicolas de Tralage

Y. # 5493.

L'APOLOGIE
DV THEATRE
PAR
MONSIEVR DE SCVDERY

CVRVATA RESVRGO

A PARIS,

Chez AVGVSTIN COVRBE', Imprimeur
& Libraire de Monfieur Frere vnique du Roy,
au Palais, en la petite Salle, à la Palme.

M. DC. XXXIX.

Auec Priuilege du Roy.

PREFACE.

Omme la vie des Hommes est courte, toutes les heures en doiuent estre precieuses: il est beau d'estre liberal en toutes choses, mais il en faut excepter le temps, dont on ne peut estre trop bon menager. Ceux à qui l'insolence de la fortune, oste des Sceptres & des Couronnes, peuuent remonter sur le Throne, & regagner des Royaumes & des Empires; mais ceux qui n'vsent pas du temps comme ils doiuent, & qui l'employent en des occupations friuoles, font vne perte, qu'ils ne sçauroient iamais reparer. Le temps est vne chose sans retour; le passé n'est plus; l'aduenir ne sera peut-estre point pour nous, & de

A ij

PREFACE.

cette sorte, ne demeuranten noftre dif-
pofition que le prefent, il eſt bien iufte ce
me femble, de ne le prodiguer pas mal à
propos. Mais quelque puiffante que
foit cette confideration, elle n'eft pas la
feule qui doit porter chacun, à s'ocuper
vtilement : car fi les Anatomiftes nous
ont dit, que l'homme eſtoit vn petit
Monde, les Legiſlateurs nous ont apris,
qu'il faifoit partie du grand, & qu'ainfi que dans le corps humain, par des offices differens, toutes les parties fe rendent des feruices reciproques, qui vont à
la fubfiftance de tout l'indiuidu; de mefme dans le corps vniuerfel, aucun ne
doit demeurer inutile, afin que de ces
occupations mutuelles & generales,
puiffe toufiours refulter, & l'vtilité particuliere, & la felicité Publique. Ceux
qui ne fuiuent point cet ordre, eftably
par les loix & par la Nature, deuien-
nent dans leur oyfiueté honteufe, comme
des membres perclus, qui bien loing de
faire leurs fonctions, & de feruir au

PREFACE.

corps comme ils doiuent, luy sont à charge, & meritent d'estre retranchez, afin de deliurer les autres, de l'iniuste soing de les conseruer. l'Arbre qui ne porte point de fruict, est maudit dans l'Escriture, pour nous aprendre nostre deuoir: Et c'estoit veritablement vne belle Loy, que celle que les Incas Rois du Peru auoient establie parmi leurs Peuples, auant que l'iniustice des Espagnols, eust corrompu l'innocence de leurs mœurs; car elle ordonnoit que toutes les Maisons n'eussent iamais de Portes fermées, afin qu'à toutes les heures du iour, le Magistrat y pust entrer, pour y surprendre les oisifs, & pour les corriger par le chatiment. Et quoy que ces Indiens, fussent au pays de l'Or, des Perles, & des Diamans, ils obseruoyent inuiolablement cette coustume, dont les Rois mesmes estoyent à peine dispensez; ne croyant pas iuste, qu'aucun vescust sous leur domination, qui ne contribuast ses soins & ses veilles, au seruice du Pu

Aiij

blic. Cette penſée & l'exemple de tous les
Siecles, & de toutes les Nations, m'ayāt
fortement perſuadé, que tous les hom-
mes ſe doiuent à leur Patrie; i'ay creu
qu'il eſtoit à propos, de montrer que ceux
qui s'ocupent à compoſer des Tragedies,
s'aquitent de ce commun deuoir; & ſe
rendent vtiles & neceſſaires, par les
beaux ouurages qu'ils font. Certes, ceux
la s'abuſent bien, qui s'imaginent que
les Poëtes ne ſont dans le corps de la Re-
publique, que ce que ſont dans le corps
humain, & la ratte, & certaines vei-
nes, dont toute la fonction eſt de purger
l'humeur melancolique: s'ils n'auoient
point d'autre intention, que celle de don-
ner du plaiſir au Peuple, ie tiendrois ce
meſtier d'eſclaue, indigne d'vn homme
libre; & ie regarderois la Poëſie, com-
me vne fleſtriſſeure dans les familles,
& comme vne tache honteuſe, qu'vn
homme de cœur ne deuroit iamais auoir.
Platon ſans doute auroit eu raiſon, de
bannir les Poëtes de ſa Republique

Ideale, s'ils n'auoyent point de meilleur
employ, que celuy de faire rire: & dans
la moindre neceßité d'vne ville aßiegée,
ie conseillerois que ce fussent les premieres bouches inutiles, que la police met-
troit dehors. Mais si l'Histoire ne m'a
trompé, si les Philosophes ne se sont trom-
pés eux mesmes, & si la raison ne me
trompe encore ; ils ont vn obiet plus noble, & se proposent vne fin, & plus glorieuse, & plus vtile. Aristote estoit trop
sage, trop graue, trop serieux, & trop
occupé, pour s'amuser à dresser les pre-
ceptes d'vn Art qui ne seruiroit que
d'vn vain amusement : en diuers en-
droicts de sa Poëtique, il explique bien
mieux ses intentions: & dans le texte
Grec, au quatorsiesme Chapitre, il dit
en parlant des mœurs, qu'il faut qu'elles soient absolument bonnes : Et
dans le sixiesme, il dit en termes expres,
que par la terreur, & par la pitié, le
Theatre a dessein d'appaiser les pas-
sions: & par consequent, d'instruire

PREFACE.

& de profiter, & non pas simplement
de diuertir. C'est (Lecteur) ce que i'es-
pere prouuer dans cette Apologie,
QVE IE CONSACRE, A LA GLOIRE DE LA
POESIE THEATRALE, A LA DEFFENSE DE
CE VX QVI COMPOSENT LES POEMES
DRAMATIQVES, ET A LA IVSTIFICATION,
DE TANT D'ILLVSTRES PERSONNES QVI
CHERISSENT NOS TRAVAVX, ET QVI SE
PLAISENT AV THEATRE.

L'APOLOGIE
DV
THEATRE

EVX qui condamnent la Comedie, parce que certains Peres de l'E-glise l'ont condamnée, ne sçauent pas qu'il y

S. Augustin en la Cité de Dieu, chap. des ieux Sce-niques.

en a d'autres, qui nomment les Poëtes qui la composent, *des exemples de ver-tu, dignes d'honneur & de l'oüange:* Et

S. Basile.

que cette diuersité d'opinions, qu'on remarque entre ces grands hommes, vient de la difference des Poëmes, dont les vns meritent vne rigoureuse

A

cenfure , & les autres vne glorieufe
aprobation. Et c'eſt enquoy ces iniuſtes perſecuteurs de la Comedie, font
voir qu'ils ignorent eſgallement, & ce
qu'elle eſtoit dans quelques vns des
Siecles paſſez , & ce qu'elle eſt maintenant dans le noſtre. Iamais deux
choſes ne furent plus directement
oppoſées ; puis que l'vne n'eſtoit que
mediſance & falletez , & que l'autre
n'eſt que pudeur & modeſtie. De for-

Exemple
Ariſtophane
en la Come-
die des nuees

te , que la premiere eſtant coupable,
& la ſeconde innocente , il feroit in-
iuſte de les confondre, & de rendre le
chatiment commun , puis que le crime ne l'eſt pas. Et certes comme la
fort bien dit le grand Seneque François , *ceux qui blaſment la Comedie*
n'ont pas raiſon , veu que les bonnes

Michel de
Montagne
en fes Eſſais.

polices prennent ſoin, d'aſſembler les Ci-
toyens, aux exercices & aux paſſe temps
comme aux offices de la deuotion : l'a-
mitiés en augmente entre eux , & l'on
ne ſçauroit auoir de plaiſirs plus reglez,,

*que ceux qu'on prend a la veuë de tout
le monde, & en presence mesme du
Magistrat.* Et veritablement il pa-
roist bien, que les Personnes qui n'ap-
prouuent point la Comedie, n'ont
pas consideré comme ils deuoyent,
que de toutes les façons d'instruire,
elle est sans doute la plus agreable, &
par consequent la plus vtile. Vn An-
cien disoit, *qu'entre les choses dont les* Philoxenus.
*hommes se nourrissent, les plus delicieu-
ses estoient celles qui tenoient moins de la
chair, & entre les poissons, ceux qui
estoient les moins poissons,* laissons le de-
cider à ceux qui ont comme disoit
Caton, *la langue plus sensible que le
cœur;* mais que les hommes prennent
plus de plaisir descouter les discours
de Philosophie, qui tiennent moins
du Philosophe, c'est vne chose que
l'experience nous aprend tous les
iours: & ceux qui connoissent la foiblesse des malades n'ignorent pas,
qu'ils veulent qu'on leur sucre les pi-

lules , & qu'on leur donne les medecines dãs vn gobelet de vermeil doré.
le Stile dogmatique à quelque chofe
d'imperieux , que tous les efprits qui
font nais libres , ne peuuent endurer
qu'à peine : Ils veulent qu'on les per-
fuade , & non pas qu'on leur com-
mañde; & fans les traifner par force
vers la Vertu,ils veulent qu'on la leur
face voir fi belle , que leur volonté
s'enflamant d'amour pour vn fi diuin
objet , fe porte d'elle mefme à l'em-
braffer. C'eft à mon aduis , ce que la
Comedie fait excellamment : elle pare cette vertu toute nuë , des plus
beaux , & des plus riches ornemens,
que l'art puiffe adioufter , à fes graces
naturelles : Et comme ces Dames
adroites , dont les yeux bleffent auecques deffein , ceux qu'elles feignent
de bleffer par hazard ; Elle conduit
les hommes vers l'inftruction , feignant de ne les mener qu'au diuertif-
femeñt : Ainfi cette charmante & fage

Meſtreſſe, trauaille à les rendre ſages
eux meſmes, lors qu'ils penſent qu'elle
ne ſonge qu'à leur plaire. Et comme
ceux qui rament tournent le dos aux
lieux ou ils veulent aller, cette fidelle,
mais adroite guide, les iette inſenſiblement, dans le chemin de la vertu,
feignant de prendre celuy de la volu-
pté : & leur cache vn ameçon ſous
l'appas d'vn ſi doux plaiſir, qu'il les
arreſte ſans qu'ils y penſent, qu'il leur
fait ſuiure, ce qu'ils taſchoient d'eſui-
ter, & qui comme l'Hercule Gaulois,
les meine attachez auecques des chai-
nes d'or, qui de la bouche de l'Acteur
reſpondent à l'oreille de tout le peuple qui l'eſcoute. Il eſt bien vray, que
comme les honneſtes femmes, peuuent porter les ornemens, propor-
tionnez à leur condition, mais non
pas les habits indecens des Courtiſa-
nes, de meſme la Comedie, doit s'orner de toutes les graces, & de toutes
les richeſſes dont elle eſt capable, mais

noñ pas de ces dangereuſes maximes,
qui peuuent corrompre les bonnes
mœurs ; & qui l'eſloignent de la fin,
pour laquelle ſi de grands hommes
ne nous abuſent point , elle fut autrefois inuentée. L'ouye eſt ſans doute
celuy de tous les ſens qui approche le
plus , du propre ſiege de l'enteñde-
ment & de la raiſon, qui eſt le cerueau;
ſi bien qu'il corrompt auſſi plus facilement l'ame, ſi ce qu'on reçoit par
luy n'eſt pas bon. Et certainement, la
Poëſie de Theatre, eſt comme la bou-
tique d'vn Apotiquaire , il y a des poi-
ſons & des preſeruatifs; des venins &
des remedes; de ſorte, qu'elle peut
eſtre vtile ou dangereuſe, ſelon le ſçauoir ou l'ignorance, de celuy qui la
diſpenſe aux autres. Car comme la
pierre d'Aymant comunique ſa vertu
au fer qui l'aproche, & ce fer à l'autre
fer qui le touche en ſuite; de meſme
dans les Poëmes dramatiques, les paſſions bien repreſentées , ayant pre-

Ariſt. en ſa Poëtique Scaliger Caſtel. vetro. Picolomini Heinſius.

mieremēt atteint le Poëtte, paſſent de
luy à l'Acteur qui recite, & de l'acteur
au peuple qui l'eſcoute : ſi bien qu'il
s'en peut faire vn enchainement de
crimes , ſi la raiſon & la iuſtice , ne
regnent dans tous ces ouurages , &
ſi ce debordement des paſſions , n'i-
mite à la fin celuy du Nil , qui fait du
bien aux Campagnes qu'il inonde;
& qui ſe retire en ſes bornes , apres
que par ſes vtiles rauages , il à mis
dans le ſein de la terre , l'abondance
& la fertilité. Et certes celuy qui
compoſe pour le Theatre , doit bien
s'empeſcher de faire , comme ces
mauuais Medecins, dont l'art impar-
fait eſmeut les humeurs, & ne les pur-
ge point apres : & qui par cette cri-
minelle ignorance, cauſent aſſez ſouuent la mort , à ceux qu'ils preten-
dent guarir. En effet , la chaleur
Poëtique eſt bien dangereuſe, quand
elle n'a pas plus de force, que celle du
Soleil de Mars, c'eſt à dire , qu'elle

efmeut & ne refoud point : car elle excite des foudres & des tempeftes, qu'elle n'eft pas capable d'apaifer. Et veritablement les Poëtes Dramatiques, s'ils fçauent de quelle importance, eft leur bon ou mauuais trauail, n'expoferont pas legerement vne chofe, qui peut eftre infiniment vtile, & parfois infiniment perilleufe. Car il eft indubitable, que les maximes bonnes ou mauuaifes, eftans comprifes & referrées, en certain nombre de paroles, & de filabes mefurées, ou la rime s'adioufte encore, s'impriment plus aifément dans la memoire, & fi conferuent auec plus de facilité, que celles qu'õ reçoit de la Profe. Deforte, qu'il eft d'autant plus important, que ce qu'on aquiert par cette voye ne foit pas mauuais, qu'il eft quafi hors de doute, qu'on le gardera toufiours : puis qu'on voit mefme, que cette impreffion inuifible, que font les parfums dans les vafes,

y laiffe

y laiſſe l'odeur du Muſc & de l'Ambre, long temps apres qu'on les à vuidez. Ie n'entreprens pas de faire l'Apologie de tous les Poëmes, en faiſant celle du Theatre. Ie ſçay qu'il en eſt qu'il faudroit corriger de meſme façon, que Philoxene corrigea la Tragedie de Dioniſius, c'eſt à dire, les effacer d'vn bout à l'autre. Mais comme il eſt des Ariſtophanes vicieux, il eſt des Menandres pleins de vertu. Ce dernier ſi fameux dans ſon Siecle & dans ſa Patrie, ſemble auoir eſcrit pour le Licée, & pour le Theatre; pour les ſages, & pour le peuple : & certes il fait voir que la Poëſie, eſt vne des belles choſes que la Grece ait iamais produites. Car par elle il rauit les cœurs; il charme l'oreille, on ne ſçauroit eſchaper des filets qu'il tend à l'eſprit; & pour luy les Theatres d'Athenes eſtoient pleins de Philoſophes. Mais dans Ariſtophane au contraire, les ruſes

Plutarque an 2. Traité de la fortune d'Alexandre.

ne font point galantes mais mali-
gnes ; la rufticité n'eft point naïfue
mais fotte ; Les rencontres ne font
point plaifantes mais baffes ; les
amours ne font point paffionnées
mais diffoluës ; & l'on diroit que cét
Autheur n'a efcrit , que pour n'eftre
pas leu d'vn homme de bien. Il eft
vray qu'il ne faut pas d'abord condamner vn Poëte, parce que fes premiers ouurages auront des deffaux
de peur de donner vne fentence pre-
cipitée : car comme celuy qui ne fera
pas fçauant en agriculture, n'eftime-
ra point vne terre , qu'il verra couuerte de halliers, de mefchans arbres,
& de plantes fauuages , & qu'au contraire vn bon laboureur , tirera de
tout cela, des coniectures de fa fertilité: de mefme ne faut il pas iuger mal
d'vn efprit , parce que fes premieres
productions, ne feront pas acheuées:
mais il faut efperer que ce puiffant &
beau naturel , produira quelque iour

de bons fruicts, lors que le temps
& l'art auront corrigé ses deffaux. Et
puis comme Philipes Roy de Macedoine, respondit à ceux qui luy per-
suadoyēt de ruiner la ville d'Athenes,
qu'vn Prince qui faisoit tout pour la
gloire, n'auoit garde d'abatre le Theatre
de la sienne, quoy qu'il y eust des enne-
mis, de mesme n'est il pas iuste, de cō-
damner la Comedie, qui de soy n'a
rien que de bon, parce que des mains
peu sçauantes, luy auront laissé des
fautes qui certainement ne sont point
en L'art. Licurgue à mon aduis n'eut
pas raison, de faire arracher toutes
les vignes, parce que quelques vns
de ses Citoyens s'enniuroyent: il deuoit plus tost en aprocher les Nim-
phes qui sont les fontaines, & comme dit ce grand precepteur de Trajan
apres Platon, *retenir vn Dieu fol &*
enragé, par vn autre sage & sobre. Car
le meslange de l'eau auecques le vin,
luy oste la puissance de nuire, & non

Plutarque
en sa vie.

Plutarque
en sa vie.

B ii

la force de proffiter. De mesme on ne doit pas reiecter la Poësie Theatrale, qui est la plus belle partie des lettres humaines, mais il faut corriger en elle, l'impetuosité du Genie, par la solidité du iugement : afin que les raisons de la Philosophie, en se meslans parmi des fables, en rendent la sçience plus aisée, & plus agreable aux hommes : & faire que parmi les roses dont la montagne des Muses est couuerte, à ce que dit vne amoureuse & belle Greque, ils sentent la piqueure de quelque espine, par l'opposition des vertus. Et comme autrefois les Thoscans, chatioyent leurs esclaues au son des haubois, il faut corriger les vices, par la douceur harmonieuse des vers : & rendre s'il est possible, le chatiment agreable, afin de le rendre vtile. Mais comme aux vignes il y a beaucoup de grappes de raisin, si bien cachées sous le Pampre, qu'on ne les apperçoit qu'a peine : de mesme

Montagne Pierie, Sapho.

Plutarque

il faut s'empefcher de couurir fi fort
ce qui doit inftruire dans les Poëmes , par ce qui doit dellecter , que
l'efprit n'en face point le difcerne-
ment, & n'en recueille pas , le fruict
qu'il en doit attendre.Il faut plus toft
imiter en cela , les Abeilles que les
Bouquetieres ; car les vnes ne cher-
chent que des fleurs dont l'efclat foit
vif & plaifant à l'œil , & les autres
mefprifant les Tulipes & les Ane-
mones , vont plus toft s'atacher au
Thin , qui leur doit fournir la matiere , dont elles compofent le miel.
Ce n'eft pas à dire pourtant , qu'il
ne foit permis aux Poëtes, de pro-
duire fur la Scene , & les mefchans,
& leurs maximes:tant s'en faut;com-
me les contraires fe font paroiftre dauantage,il eft bon d'oppofer le vice à
la vertu,pour en releuer d'autant plus
l'efclat : mais il faut toufiours eftablir
le Throfne de cette Reine , fur les ruines de ce Tiran fi dangereux : & faire

toujours triompher à la fin, cette vertu perfecutée. Comme l'image de
Therfite quand elle eft bien faite,
donne autant de plaifir à voir que celle d'Helene, il n'eft pas deffendu de
reprefenter auffi bien, & auffi naïfue-
ment vn Sinon comme vn Neftor,
pourueu que l'vn foit detefté comme
mefchant, & l'autre eftimé comme
bon: & que les propos dangereux,
foyent toufiours mis feulement, en la
bouche des mechantes perfonnes : de
peur que fi vn vertueux les pronon-
çoit, elles ne fiffent impreffion en l'a-
me de ceux qui l'efcoutent & qui l'ef-
timent; & qu'ils ne creuffent ne s'ef-
garer point, en fuiuant vn chemin
qu'il auroit pris. Il eft aifé de fe garder
des ennemis defclarez; mais tres difficile de fe fauuer des embuches de
ceux qui fe cachent; qui vous poi-
gnardent en vous embraffant; ou qui
baifent la coupe empoifonnée, que
leur perfidie vous prefente. De mefme

est-ce vne dangereuse chose, qu'vne mauuaise maxime, en la bouche d'vn Personnage creu vertueux : & quand la necessité de la Fable, demande des discours de cette nature, il faut tousiours faire voir la punition, des Scelerats qui les profferent. C'est ce que les Anciens ont pratiqué dans leurs Poëmes ; & ie me souuiens de deux exemples d'Euripide, qui ne viennent pas mal à propos à mon subiet. Ce grand homme faisant representer vne de ses Tragedies, les vers de l'vn de ses Personnages ayant dit „ *qu'on deuoit tout faire pour deuenir riche ; & que pour cela, tous les crimes estoient permis* ; Le peuple se mit à crier, auec vne estrange colere ; & voulut chasser l'Acteur : mais Euripide parut luy mesme sur le Theatre ; *le coniura d'attendre vn peu ; & de voir la fin de Bellerophon, cét adorateur des richesses, qui ne manqueroit pas d'estre puny*. Il me souuient encor, que quelqu'vn

Plutarque aux Opuscules.

Seneque en ses Epitres.

Plutarque au traicté de la Lecture des Poëtes·

difant à ce grand Poëte , apres la re-
prefentation d'vne autre Piece, *Qu'I-*
xion y auoit paru bien mefchant ; außi
dit il, *ne l'ay-ie pas laißé fortir du Thea-*
tre , que ie ne l'aye cloüé bras & iam-
bes fur vne roüe. A vray dire, il eft peu
d'ames affez iuftes,& affez definteref-
fées , pour fe porter au bien , par la
feule confideration qu'il eft tel : &
pour s'efloigner du mal , par la feule
connoiffance que l'on à de fes deffaux : on reflechit toufiours vn peu
vers foy , par l'efperance ou par la
crainte;&les deux parties de la iuftice,
qui font la refcompenfe & le chatiment , font fans doute , plus de la
moitié de noftre vertu. Il eft peu d'efprits affez forts,pour mefprifer ce que
tous les autres craignent : & peu de
cœurs affez genereux , pour negli-
ger ce que les autres defirent. Mais
comme il eft peu de vertueux , parfai-
tement acomplis , il eft auffi peu de
mefchans,dont la malice foit entierement

ment confirmée. Les hommes ne
sont guere capables , de l'vne ni de
l'autre extremité: Ils balancent pres-
ques tousiours entre les deux, & dans
ce degré mediocre , & de vices , & de
vertus , le desir ou la sinderese ; l'es-
poir du bien ou la peur du mal ; par-
tagent incessamment leur ame. C'est
par cette raison si puissante , que les
Poëmes de Theatre , sont d'vne merueilleuse vtilité. Car la terreur & l'esperance, qui sont les deux ressorts, qui
font mouuoir tous les esprits ; sont
aussi les deux Piuots , sur quoy tourne
tousiours la Scene. En effect , quel
homme de fer & de sang , ne sera
point touché de crainte & d'horreur ?
quand il verra sur le Theatre & dans
l'Oreste, ce Parricide agité par des furies, qui le suiuent par tout , le flam-
beau brullant à la main ; qui s'arra-
chent des serpens de la teste , pour les
luy mettre dans le cœur ; qui presen-
tent à ses yeux espouuantez , & son

C

effroyable crime, & le fantofme fan-
glant de fa mere, marchant à pas lents
& mal affurez; qui luy font ouurir ce
long drap noir qui l'enuelope, pour
monftrer à ce fils inhumain, & la blef-
feure qu'il luy à faite; & le poignard
qu'il y à laifsé dedans ; quelle ame ne
fera point esbranlée, par ce vifage paf-
le & deffiguré, qu'elle à r'aporté
du Tombeau ? & quel cœur ne fera
point efmeu des profons foupirs, &
des longs gemiffemens, qui fortent
d'vne bouche morte/mais quel Tigre
ne craindra point? lors qu'il verra ce
miferable qui porte peint fur le vifage, le repentir, l'horreur, la crainte, & la fureur tout enfemble?qui par
vne inquietude efpouuantable,chan-
ge inceffamment de lieux, & trouue
par tout fon fuplice ; qui ferme les
yeux, pour ne voir point ce fantofme
qui le pourfuit; & qui les r'ouure tout
auffitoft, parce que fon imagination
bleffée, le luy reprefente encore plus

cruel : qui crie, qui pleure, qui gemit,
qui prie, qui menace, qui s'adreſſe au
Ciel, à la terre, à la mer, aux Enfers,
aux Dieux, aux hommes, à l'ombre
de ſa mere, aux furies ; & qui ſucom-
bant à ſa peine, tombe enfin ſans
pouls & ſans mouuement, pour re-
prendre de nouuelles forces en cet in-
teruale ; afin de ſouffrir vn nouueau
ſuplice. Eſt-il vne ame aſſez ſangui-
naire, pour ne fremir point à l'aſpect
de ce chatiment? & qui pour s'exem-
pter d'vn ſemblable, ne quite ſa cru-
elle inclination? Il en eſt ainſi de tous
les crimes ; & ce que nous auons dit
du cruel, nous le pouuons dire de
l'impie. Lors que dans l'*Aiax* il verra
ſouleuer la mer, qui porte ſes ondes
& les vaiſſeaux iuſqu'au Ciel, & qui
de la, les abiſme dans le centre de la
terre ; qu'il verra l'air tout obſcur, ſe
fendre auec vn bruit eſpouuentable,
& la foudre comme vne flame on-
doyante, tomber ſur la teſte d'Aiax

Oilée qu'vn rocher accable, & precipite sous les ondes auecques luy : la mer engloutir ses Nauires à demi brulez ; & les feux & les escueils, acheuer de consumer ou de mettre en pieces, tout ce qui reste de cette miserable flotte : l'impie qui regardera ce spectacle, ou pour le moins qui en entendra faire le recit, ne sçauroit s'empescher de fremir en luy mesme, & d'auoir vn bon moüuement. Ainsi quand vn homme dont le cœur brulé, de quelque flame ilicite, & languit de quelque amour deffenduë ; verra dans *l'Oedipe*, les espouuentables malheurs, qui suiuirent, son mariage infortuné; Il est sans doute, que l'esgallité du crime, luy fera craindre, l'esgallité du chatiment. Ceux de qui l'humeur panche à la rapine, qui croyent que toutes choses sont en commun; & qui prennent le bien d'autruy, comme s'il leur apartenoit, lors qu'ils verront *le Promethée,* enchainé

sur vn haut rocher, deuoré tout vi-
uant, & mesme sans pouuoir mourir,
par ce cruel & affamé Vautour qui
luy deschire les entrailles ; il sera bien
difficile, que les serres de cet Oyseau
de proye, ne percent le cœur d'vn
volleur, qui regardera ce spectacle,
aussi bien que le foye de ce miserable,
& que cet obiet ne lui peigne en l'imagination, le Tableau de la peine qu'il
a meritée ; & ne luy mette en l'ame, la
volonté de l'esuiter, par le change-
ment de sa vie. Tout de mesme, quãd
vn ambitieux verra dañs *l'Antigone*,
la funeste auãture de ces deux Tigres,
qui se dechirerent l'vn l'autre, par vn
furieux desir de regner, indubitable-
ment il sentira calmer sa passion ; & le
nauffrage des autres, luy fera regagner le port. Enfin lors que les Rois,
& les Maiftres de la Terre, qui s'assu-
rent trop en leur grandeur, verront
dans *l'Hecube*, les horribles infortu-
nes, qui dans vne nuit, renuerserent

vn Roy de son Throsne ; briserent sa
Couronne & son sceptre ; mirent sa
ville & son Palais en cendre ; & le firent nager dans son sang ; il ne sera pas
bien aisé, que ces Dieux visibles ne se
souuienent qu'ils sont hōmes ; & que
cet obiet ne les aduertisse, qu'ils doiuent craindre comme nous. Mais si le
Theatre porte les hommes au bien
par les chatimens, il les y porte encor
par les rescompenses, & certes fort
vtilement. Car lors qu'on y voit là
vertu triompher de ses ennemis, &
l'innocence sur le Throsne, l'esprit n'a
point de peine à se resoudre de suiure
vne Reine, qui luy promet des Couronnes. Lors qu'vne femme verra
dans l'*Alceste*, la fidellité rescompen-
sée, il ne sera rien de si difficile, qu'elle ne face pour son mary : elle affron-
tera la mort pour luy sauuer la vie ; &
malgré la foiblesse du sexe, signalera
sa vertu, par l'imitation de cette He-
roine. Quand quelqu'vn remarquera

dans *l'Iphigenie en Aulide*, que le
Ciel se contenta de la volonté d'Agamemnon, & qu'il mit vne Biche sur
le bucher, au lieu de cette fille qu'il en
retira, & qui deuoit estre immolee;
ne se remetra t'il pas sous la conduite
de la Prouidence? & ne rangera t'il pas
sans difficulté, ses volontez sous celle
de Dieu? qui par des voyes inconnues
aux hommes, conduit souuent les
choses, au point mesme ou nous les
desirons, aussi tost que nous auons
fait, vn acte d'obeissance. Et bref, lors
qu'vn homme chargé de crimes, verra dans *l'Iphigenie Taurique*, ce mesme Oreste sauué de la mort si heureu-
sement, sur le poinct de la receuoir:
ne connoistra t'il pas que le Ciel à
soing des coupables qui se repentent?
& par là, ne receura t'il pas vne inspi-
ration, de se remettre au mesme estat,
pour receuoir la mesme grace ? Ouy
sans doute il le voudra faire ; & le
monde n'a point d'ame si determi-

née au mal , qui ne puiſſe changer de
volõté , par l'eſperance ou par la crainte : & que l'exemple des malheurs
ou des felicitez d'autruy , ne puiſſe
à la fin corriger , quand ces remedes
ſont apliquez par des mains adroi-
ctes ; qui ſçauent faire agir ſans vio-
lence, & l'eſpoir & la terreur. C'eſt
de cette ſorte que doiuent eſtre les
Poëmes dramatiques ; & c'eſt de cette
ſorte auſſi , que quelques vns les font
auiourd'huy parmi nous. Mais comme il y à des gents, qui ne croyent pas
que les eaux puiſſent eſtre pures,
quand elles ſont eſloignées de leur
ſource , tachons de iuſtifier la haute
eſtime, que noſtre Siecle fait de la Comedie , par celle des Siecles paſſez : &
monſtrons leur qu'elle n'eſt pas née
parmi des barbares , ni dans le luxe
des Perſes & des Medes , mais dans
Athenes , & dans Rome ; au milieu de
toutes les ſectes des Philoſophes ; &
fort proche du Siecle d'or & d'inno-

cence

cence. C'eſt vne choſe indubitable,
que la Grece & l'Itallie, ſont les Me-
res de toutes les ſciences, & les inuen-
trices de tous les beaux Arts : & c'eſt
dans elles auſſi que la Comedie, à receu le plus d'eſclat & le plus de gloire,
& qu'elle à eſté ſuiuie, auecques le
plus d'ardeur. Car comme la con-
noiſſance du bon & du beau, porte
les hommes au deſir de le poſſeder, &
que chacun le regarde, comme ſa fin
principale : il ne faut pas s'eſtonner, ſi
ces grands eſprits tant illuminez, &
qui ſçauoyent faire auec tant de net-
teté, le diſcernement des belles & des
bonnes choſes, auoyent tant d'eſtime
pour la Comedie, qui poſſede emi-
namment ces deux qualitez : & qui
par concequent doit eſtre l'obiet, de
tout eſprit raiſonnable. Les fruicts &
les confitures, ſont fort agreables au
gouſt, mais fort contraires à la ſanté:
& les medecines qui ſont vtiles, ont
vne amertume effroyable. Mais nous

D

pouuons dire ſans nous eſloigner de
la verité, que le Theatre ſeul à trouué
le moyen d'aſſembler des choſes ſi
differentes, & qui ſembloyent auoir
entre elles, vne inuincible antipathie.
Il a ſi bien ioinct, & ſi bien meſlé par
tout l'vtile au plaiſant, qu'on ne ſçauroit les ſeparer, ſans deſtruire tout le
Poëme : & comme on ne peut oſter la
clef d'vne voute, ſans la faire tomber entiere, on ne peut oſter la vertu
du Theatre ſans le deſmollir : puis
qu'elle eſt la clef ſur la quelle, tout cet
edifice ſe repoſe : & qu'elle eſt dans la
Comedie, ce qu'eſtoit cette image de
Minerue, dans le centre du Bouclier
d'vn Grec, qui en rompoit tout l'aſ-
ſemblage, & le deſmontoit en cent
pieces, quand on oſtoit celle du milieu, ou cette Pallas eſtoit grauée. Auſſi

la Tragedie fut traictée auec tant
d'honneur, parmi les Atheniens, que
par vn decret des Amphictions il
eſtoit permis en termes expres, à ceux

du corps de l'Areopage d'en compo-
fer, quelques importantes que fuffent
les occupations de leurs charges : Et
cette fage Republique, ordonna mefme des prix, pour le Poëte qui trauail-
leroit le mieux. Tous les Philofophes Grecs auoient les mefmes fenti-
mens de la Comedie; & vn d'entre
eux à fouftenu, *que le Sage la doit abfo-*
lument aimer. &certes ce n'eft pas vne
petite gloire pour elle, que ces hommes fi dettachez des paffions ; qui ne
touchoyent à la terre que d'vn poinct
qui regardoyent toutes les chofes,
auec vn œil indiferent;& qui auroient
trouué des Sceptres & des Couronnes fans les ramaffer; publient malgré
ce defgagement vniuerfel , qu'elle
doit eftre l'obiect de l'affection du
Philofophe. Cela fait bien voir qu'il
faut que la Comedie, ait vne fin plus
noble, que celle de diuertir; puis que
ces ennemis defclarez de tous les

Epicarmus.

plaifirs, non feulement permettent au
fage de la voir; non feulement le luy
confeillent ; mais mefme luy com-
mandent de l'aimer. Et certes fi l'on
doit iuger de la verité d'vne doctrine,
par le nombre de ceux qui la fuiuent,
celle de ce precepte, doit bien paffer
pour indubitable, puis que la Grece
n'a quafi point eu de grand homme,
foit au Lycée, ou foit à l'Academie,
qui n'ait embraffé cette opinion ; &
qui par fa prefence au Theatre, n'ait
tefmoigné qu'il l'approuuoit. Mais
pour paffer de l'Atique au pays Latin,
& pour monftrer que Rome à fait
comme Athenes, difons qñe les Ieux
Sceniques ou la Tragedie, y fut re-
ceuë l'an cinq cens quarante, de la
fondation de la ville, fous le Con-
fulat de Quintus Fabius fils du Dictateur, ce qui fait voir bien clairement,
que la fageffe de la Republique à efta-
bli, ce que la puiffance de l'Empire,
n'a fait depuis que maintenir. Et c'eft

Tite Liue
l, 24.

par cette authorité, que ie pretens
fermer la bouche, à ces ennemis de la
Comedie & de la verité, qui tachent
de la faire paſſer dans la croyance de
tout le monde , pour vne inuention
de la desbauche des premiers Cæſars:
elle qui fut pourtant eſtablie, par ces
meſmes Dictateurs , que l'on alloit
prendre à la charruë, pour les mettre
à la teſte d'vne Armée ; à qui l'on   Titeliue.
oſtoit le Soc de la main , pour leur
donner le Baton de General ; qui de   Titeliue.
tant de Prouinces conquiſes, n'auoi-
ent en propre qu'vn Arpant de terre;
dont les filles eſtoyent mariées du   Titeliue.
threſor commun ; & leſquels mou-
royent ſi pauures, qu'on faiſoit leurs
funerailles, meſme aux deſpens du Pu-   Titeliue.
blic. L'innocence & la pureté, de ces
genereux & premiers Romains , teſ-
moigne aſſez celle de la Comedie, car
des hommes qui ne pouuoyent ſouffrir les choſes ſuperflues, & qui ſe ref-
fuſoyent quaſi les neceſſaires , n'au-

D iij

royent eu garde, deſtablir les deffen
dues. Auſſi tant s'en faut qu'aucun des
Anciens, en ait eu deſi mauuais ſenti-
mens, qu'elle eſt plus toſt le digne objet de leur loüange, & de leur veneration. Vn celebre Autheur à fait vn
long Panegirique de la Comedie,

Caſſiodore.

dans lequel il dit, *qu'elle fut inuentée*
par les bons Siecles; qu'elle ne peut eſtre
meſpriſée que par les mauuais; & qu'en
partie, Pompée merita le nom de
Grand; pour auoir baſti de ſi ſuperbes
Theatres. Les Ædiles qui furent des

Plutarque
& Titeliue.

Magiſtrats, de grande authorité dans
Rome, eſtoyent ceux qui auoyent le
ſoing, des decorations du Theatre,
& qui faiſoyent faire, toutes les choſes neceſſaires, à l'ornement des Poëmes qu'on repreſentoit : & pour con-
noiſtre quels Perſonnages ont poſſe-
dé cette charge, & combien elle eſtoit
honnorable, il ſuffit de dire, que Paul
Æmile l'emporta, au preiudice de
douze autres qui la briguoyent ; qui

tous estoient gents de si haute condition , qu'ils paruindrent depuis au
Consulat. Que l'ancien Marcellus,
& que Marcellus Gendre d'Auguste furent Ædiles ; que Ma-
rius si fameux par le pouuoir qu'il
eut dans Rome , fut neantmoins
reffusé du Peuple, quand il pretendit
à cette dignité, tant elle estoit consi-
derable. Que ce riche, liberal,& bra-
ue Luculle, posseda cet illustre rang;
que Iule Cæsar Edile,abisma toute la
magnificence des autres , par celle de
son Theatre; que Caton d'vtique
employa ses propres mains , aux ornemens de la Scene; elles qui deschi-
rerent ses entrailles , pour sauuer sa liberté. Que ce vainqueur d'Hanibal,
ce grand Scipion l'Africain, fut Edile
côme general d'armée; que Gordian
qui depuis fut Empereur, le fut aussi
bien que luy : & que ceux qui par-
uenoyent à cet honneur, auoyent
seuls, l'vsage du Siege Diuoire dans

Suplemens
de Tacite.

leurs carroſſes , & ſeuls , le ſoing des
choſes ſacrées, & des Theatres enſem-
ble. Mais puis que nous ſommes
tombez inſenſiblement , ſur le diſ-
cours des Theatres, il ne ſera pas trop
mal à propos , de faire voir par leur
magnificence, la haute eſtime, que les
Grecs & que les Romains , faiſoyent
de la Comedie ; & la peine qu'ils pre-
noyent , pour orner la ſuperbe &
pompeuſe Scene , ou ces Poëmes
eſtoyent repreſentez. Ceux qui ſçau-
ront que le nom de Theatre vient de
Theos , qui veut dire Dieu , ne trouueront pas eſtrange , qu'vne choſe
eſtimée diuine, ait vn eſclat ſi merueilleux : & ne blaſmeront point la Grece,
lors que ie feray paſſer deuant leur
imagination , les ſuperbes habille-
mens de pourpre & d'or : les Maſques
enrichis de perles : les Autels de jaſpe
dreſſez ſur les Theatres : la magnifique face des Palais qui formoyent la
Scene : les induſtrieuſes Machines,

Plutarque
au Traicté
de la Muſi-
que.

Plutarque
au Traicté
des Athe-
niens.

par

par ou les Dieux descendoyent du
Ciel en terre ; les Trepieds d'or massif,
qui furent les Prix gagnez par les Poëtes ; les Lires les Viollons, & les Flu-
stes ; les Cothurnes, Les sceptres, les
Caducées, les Lances d'or, les Bou-
cliers d'argent, & tout ce magnifique
atirail, qu'elle employoit à la Trage- Plutarque
die. En effect, vn historien nous assu- au Traicté
re, que les Atheniens ont fait autant des Athe-
de despense, à la representation des niens.
Bacchantes ou des Phenisses, de l'Oedipe ou de l'Antigone, de l'Electre
ou de la Medée; qu'en aucune guerre
qu'ils ayent eu contre les Barbares,
soit pour les vaincre ou pour se def-
fendre; pour les ranger sous leur Empire, ou pour conseruer leur liberté.
Mais à quelque degré que monte la
liberalité des Grecs pour la Comedie,
les Romains les ont vaincus en cela
comme aux armes, & la preuue ne
m'en sera pas difficile à faire. Com- Plutarque
me Æschiles inuenta le Theatre, par-

E

Valere le
Grand.

mi les Peuples de la Grece, dans Rome se fut Claudius Pulcher, qui com-
mença de faire peindre la Sçene; C.
Antonius la fit despuis toute argen-
ter , Petreius dorer , & Q. Catullus
marqueter d'iuoire: en suite de quoy,
Lucius & Cinna, la firent tournoian-
te sur des Piuots, pour changer selon
le subiet toute la face du Theatre.
Mais bien que cette enfance de la Comedie (s'il faut ainsi dire) fust desia
fort belle , il faut confesser que ce
n'estoit quasi rien , au prix de ce pro-
digieux Theatre de Sçaurus , esleué

Pline l. 36.
chap. 15.

pour seruir vn iour seulement. La
Scene en estoit à triple estage ; le plus
bas estoit tout de Marbre ; celuy du
milieu de Cristal, & le plus haut estoit entierement d'Or. Il y auoit trois
cents soixante Colomnes de Iaspe, de
trente huiċt pieds de haut ; & trois
mille Statues de Bronze dans des Ni-
ches , auec les espaces d'entre les Colomnes , ornées de courtines de toile

d'or, & de Tableaux excellens : &
pourtant , fi nous en voulons croire
l'Hiftorien, il demeura des ornemens
de refte , à plus de cinq millions. voila certes placer la graue & Tragique
Melpomene , fur vn Trofne digne de
fa Maiefté. Mais ce n'a pas efté la feule fois que Rome à veu de ces miracu-
leux Spectacles; il m'en faudroit faire
vn liure entier , fi ie les voulois tous
mettre icy : de forte que pour n'eftre
pas ennuyeux, ie n'en marqueray plus
que deux ou trois feulement. Que le
Lecteur agrée donc, que ie tire le ri-
deau, qui cache la face de la Scene ; &
que ie luy face voir , fous le regne
d'vn Empereur, vn Theatre qui pouuoit contenir cent mille hommes,
couuert entierement par rangs , de
Vafes d'Agathe & de Chalcedoine.
Ce fut fous le mefme Empereur, que
le Theatre parut vne autre fois couuert de tant d'orpheurerie , que ce
iour fut nommé par les Romains ,

Pline l. 37. chap. 11.

Tacite, & Pli- ue l. 33. ch. 3.

Un iour d'Or. Mais parce que la vie de ce Prince , n'a pas touſiours eſté digne de ſeruir d'exemple, adioutons encor , que Veſpaſian , Empereur ſi regulier & ſi Philoſophe, qu'il reuoqua le don d'vne charge , parce que celuy qui l'en fut remercier ſentoit le Muſc , ne creut pas faire vne deſpenſe ſuperfluë ni vicieuſe , en acheuant le magnifique Theatre, qu'Auguſte auoit commencé: luy qui pourtant, ne fut iamais liberal. Mais comme i'ay paſſé de la Grece en Italie ie veux repaſſer de l'Italie en la Grece, ou ie dois auoir encor à faire, & dire que cet inuincible Conquerant Alexandre, qui vouloit que tout ce qui partoit de luy fuſt Eternel , eut deſſain de faire dans la ville de Pelle, vn Theatre tout de bronze, mais il en fut empeſché par l'Architecte, qui iugea que cette matiere retentiſſante , gaſteroit la voix de l'Acteur. Certes ſi l'on peut iuger de la pieté des

Suplement de Tacite

Plutarque.

plutarque ſur la doctrine d'Epicure.

peuples, par la superbe Structure des
Temples , par l'excellence des Sta-
tuës , par la beauté des Tableaux , par
la richesse des Vasesd'or & d'argent,
& par la magnificence desAutels,il est
hors de doute que l'on connoistra
fort aisement aussi , l'estime de l'Antiquité pour la Comedie , si l'on s'arreste à considerer, les prodigieuses despenses qu'elle à faites , en sa conside-
ration , sur tant de Theatres merueilleux , que les Grecs & que les Romains , ont autrefois esleuez , par
tout ou s'estendoit leur Empire. Et
de peur qu'on ne s'imagine, que cette
despense ne fust vn effet de la proffu-
sion de ces grands hommes qui la
faisoient , & qu'on ne croye mal
à propos , qu'ils auoient la mesme
liberalité dans tous leurs plaisirs ; Il
faut que ie me souuienne en ce lieu,
que cét Alexandre qui voulut faire ce
Theatre deMetal,reffusa l'Ingenieur, *Plutarque.*
qui du Mont *Athos* , luy pretendoit

E iii

tailler vne statuë ; luy qui pourtant
aimoit tant la gloire , & l'immorta-
lité de son Nom. Mais n'oublions
Plutarque pas que Pompée , estoit logé aupres
de ce grand Theatre qu'il auoit fait
bastir , dans vne si petite maison , que
les estrangers à qui l'on monstroit
l'vn & l'autre apres sa mort , auoient
peine à croire , que deux despenses si
differentes , eussent esté faites par vn
mesme homme ; ne conceuant qu'a-
uec beaucoup de difficulté , qu'vn
mesme esprit , fust auare & liberal.
Mais ceux qui s'estonnoient de cette
diuersité , ne sçauoient pas sans doute que les Romains estoient ennemis
des voluptez dangereuses ; que la despense merueilleuse qu'ils faisoient en
faueur d'vn plaisir vtile , regardoit
plus tost l'ame que les sens ; & qu'orner le Theatre ou venoit le peuple,
estoit orner l'escolle , ou la vertu l'in-
struisoit : & par la magnificence du
lieu, imprimer le respect de la doctri-

ne & de l'inftruction , en des cœurs
qui n'en ont prefque iamais, que pour
les chofes fenfibles. Mais apres auoir
iuftifié la Comedie, & fait voir la haute & raifonnable eftime , qu'auoit
pour elle l'Antiquité , ie veux monftrer en quelle confideration eftoyent
les Poëtes , & faire voir à noftre Siecle , la façon dont il les doit traicter,
par celle dont les ont traictez , ceux
qu'on peut iuftement nommer , les
Siecles de la vertu, de la fageffe, & du
fçauoir. Si ie voulois me contenter,
des loüanges de la Poëfie en general,
ie pourrois dire *que fa fureur eft vne* Platon au
lumiere extraordinaire de l'ame, par la Phedre.
quelle, Dieu femble l'atirer à foy; & que
pour cette raifon , cette fureur eft
nommée *diuine :* ie pourrois dire, Platon.
qu'vn des premiers Sages, nomme les
Poëtes , *des Dieux viuans entre les*
mortels, à caufe dit il, *de la perpetuelle* Empedocles
communication, qu'ils ont auec les idées
c'eft à dire, felon ce philofophe *auec*

les formes intellectuelles de Dieu. Ie pourrois dire, qu'vn autre difpute & ne refoud point, qui plus dignement à parlé des chofes diuines, ou des Poëtes, ou des Philofophes. Et ie pourrois adioufter encore, que la poëfie à efté le langage des loix, des Oracles, des Sibilles, & des Prophetes, & felon quelques vns celuy des Dieux. Et pour orner d'autant plus fon Panegirique, ie me fouuiendrois que les Lacedemoniens, fur le poinct de donner vne bataille, facrifioient toufiours aux Mufes, afin que les belles actions qu'ils y alloyent faire, puffent eftre dignement defcrites : & ie ferois fouuenir les grands Capitaines, qu'Herculle & les Mufes auoyent vn Autel en commun, pour monftrer combien font neceffaires les Poëtes à la gloire des Conquerans. Mais comme l'exemple touche plus que les loüanges, & que l'hiftoire rencontre plus de croyance, que ne fait le Panegirique,

ie me

Maxime de Tir.

Plutarque au traicté des Oracles.

Plutarque

Plutarque aux demandes des chofes Romaines

ie me contenteray de faire voir, que
les Poëtes furent les plus anciens Sages, & ceux qui plus agreablement,
ont autres fois inftruit les hommes,
En effect, tous ceux qui les premiers
ont efcrit enGrece, des chofes diuines,
Celeftes, naturelles, morales, Politi-
ques, & militaires, eftoyent Poëtes;
comme Linus, Mufée, Amphion,
Orphée, Homere, Hefiode, & beaucoup d'autres des mefme temps. Que
fi nous defcendons vn peu plus bas,
nous trouuerons que Thales Mile-
fien, l'vn des Sept que la Grece nom-
ma Sages, par vn atribut glorieux,
eftoit Poëte Lirique; & que ce fut luy
qui prift en Afie, des mains de Cleo-
philus, toutes les œuures d'Homere,
pour les aporter en Grece. Solon ce
fameux Legiflateur, eftoit excellent
Poëte: & l'on luy vit employer, les
dernieres années de fa vie, à la com-
pofition des vers. Socrate le plus fage
de tous les hommes, felon la voix de

Sicecrn aux Tufculanes.
Plutarque en la vie de Solon.

Regius de la vifficitude.

Plutarque en la vie de Licurgus.

Platon au Timée.
Plutarque en fa vie.

Platon au Phedon.
Plutarque au Traicté des animaux

F

l'Oracle, s'apelle luy mesme *le Serui-teur des Cignes*, c'est à dire des Poëtes: & ce grand homme voulut mourir en chantant, comme ces diuins Oyse-aux; car il fit des vers en prison, en attendant ce fatal vaisseau, dont l'ab-fence suspendit l'arrest de sa mort. Ce fut sans doute en son Escole qu'Alci-biades, son illustre & bien aimé dis-ciple, aprist à cherir si fort la Poësie, qu'aiant demandé vn liure d'Homere à vn Philosophe, il luy donna vn sou-flet, parce qu'il luy respondit qu'il n'en auoit point: estimant vne chose honteuse, pour vn homme qui fait profession des lettres, de le trouuer sans l'Iliade. Mais il est temps de pas-ser de la gloire de la Poësie en general, à celle de la Theatrale en particulier: & de faire esclater la reputation d'Eu-ripide, de Sophocles, d'Aeschiles, de Simonides, de Crates, de Diodorus, & de Menandre, qui furent si celebres parmi les Grecs. Peut-on voir rien de

Plutarque en sa vie.

plus glorieux, qu'vne des loix de Li-
curgue ? qui apres auoir ordonné, Plutarque en la vie des dix Orateurs
qu'on acheuaſt vn Theatre, aupres du
Temple de Bacchus, commande
qu'on repreſente des Comedies ; &
que le Poëte qui gagnera le prix, ob-
tienne le droiƈt de Bourgeoiſie, faueur dont Herculle & Alexandre, ſe
tindrent fort honnorez. Mais ce Le-
giſlateur ne s'arreſte pas encore; il fait
eſleuer des Statues de bronze, à Æſ-
chiles, à Euripides, & à Sophocles,
veut que l'on conſerue leurs Tragedies, dans les Archiues de la ville. &
que le Greffier les liſe tous les ans au
Theatre, afin d'en conſeruer la gloire
& le ſouuenir. Mais il n'eſt pas raiſonnable, que l'Iſthme enferme la reputation des Poëtes Tragiques ; le
Port de Pyrée à trop de vaiſſeaux,
pour ne faciliter pas ſon paſſage ; & Cette ville en auoit cent
Thebes trop de Portes pour la rete-
nir. Auſſi toute cette vaſte eſtenduë de
mer, qui ſepare la Grece de la Sicile,

n'empefcha point la Renommée, de voller fur le Phare de Meffine, & d'y publier le merite d'Euripide, qui toucha fi bien ces Peuples, qu'apres auoir gagné vne bataille importante contre les Atheniens, ils rendirẽt la liberté à tous ceux qu'ils pouuoyent faire efclaues, en faueur du Nom d'Euride: & ces prifonniers en allans le remercier, l'affurerent, qu'ils auoyent trouué de quoy viure, dans les Maifons de leurs ennemis, en recitant de fes Poëmes. Vne autrefois encore, vn Nauire Grec eftant pourfuiui par des Corfaires qui luy donnoyent la chaffe, fe voulut fauuer dans le Port de Caunus, dont on luy reffufa l'entrée: mais quelqu'vn des habitans, ayant demandé au Capitaine du vaiffeau, s'il fçauoit des vers d'Euripide? & leur ayant refpondu que ouy; ils le receurent fauorablement, & ne luy reffuferent plus vn azile, qui luy eftoit fi neceffaire. Que fi de ce premier Autheur nous voulons paffer à

Plutarque en la vie de Nicias.

Thucidide.

Sophocles, hous le trouuerons compagnon de Pericles, en la charge de Plutarque en la vie de Pericles. Capitaine General, & en celle de Preteur d'Athenes; & nous verrons iuger Plutarque. les Grecs en sa faueur contre son fils, qui l'accusoit de manquer de conduite en ses affaires, apres auoir veu la conduite, de l'vne de ses Tragedies : ne croyant pas possible, qu'vn homme qui faisoit voir tant de iugement en ses ouurages, en pust manquer en son œconomie. Et c'est en cet endroit que i'ose asseurer, que si la fortune fauorisoit quelques vns de ceux qui font si bien parler, & les Generaux d'Armée, & les Conseillers d'Estat, on leur trouueroit peuteftre, & le cœur & l'esprit qui font necessaires, a l'execution des belles choses qu'ils font dire. C'est vne verité dont on voit la preuue, en la personne d'Æschiles, si fameux par ses hauts faits d'armes : car ayant aporté à composer ses Tragedies, cet esprit

Heinfius en
fes Anotatiós
fur Seneque.
qui fut le liberateur de toute la Grece, il efcriuit des chofes femblables, à
celles qu'il auoit executées; vous di-
riez qu'il a efcrit au fon des trompet-
tes, tant fon ftile eft haut & fublime;
& tant (par des paroles efgalles aux
chofes) il pouffe vne diction heroï-
que & hardie. Mais comme il ne faut
rien derober, de la gloire de Sophocles, ie ne fçaurois celer icy, qu'Æchi-
les & luy furent iugez en plein Theatre, fur la beauté d'vne Tragedie, par
Plutarque en
la vie de Ci-
non.
les dix plus fameux Capitaines de la
Grece, & que ce dernier ayant efté
condamné, le defpit luy fit quiter fa
Patrie, pour aller mourir en Sicile: &
tant de triomphes qu'il auoit obte-
nus & meritez, ne le confolerent
point, de la perte d'vne Couronne,
qu'il croyoit meriter auffi. Mais il ne
fut pas le feul vaincu qui fuiuit le
Char du victorieux; car de cent vingt
Vig. fur phi-
loft.
& trois Tragedies, que Sophocles
auoit compofées, il obtint le prix de

vingt&quatre,àla derniere defquelles
il mourut de ioye,agé de plus de quatre vings ans.le Temps qui deuore les
chofes , & les plus precieufes , & les
plusdurables,de ce grand nombre de
Poëmes, ne nous à laiffé que l'Aiax,
l'Oedipe Tiran, l'Oedipe auColonée,
l'Antigone , les Trachinienes , & le
Philoctete. Mais fi les Republiques
Greques, ont honoré les Poëtes, les
Rois ne l'ont pas moins fait; car ceux
d'Egipte & de Macedoine , enuoye-
rent des Ambaffadeurs expres à Me- Plinel.6.ch°
nandre,pour le prier de venir à leur 30.
Court: & vne Armée de mer pour
fon efcorte. Neoptolemus Poëte Plutarque.
Comique,eut l'honneur d'eftre affis
aux Nopces de PhilippePere d'Alexã-
dre,en mefmetable que leRoy; & la
Couronne de Laurier en ce feftin,
n'eftoit pas loing de celle d'or. mais
quene dirons nous point du grand Plutarque
Alexandre? qui faifoit luy mefme des en fa vie.
vers fi facilement: & qui fit aprendre

aux Peuples Indiens qu'il auoit vaincus, les Tragedies de ce mesme Euripide & de ce mesme Sophocles, &qui
par là, voulut porter la gloire des
Poëtes Tragiques, aussi loing que fut
celle de ses Armes. Quelle amour ne
tesmoigna point auoir pour les vers,
cet incomparable Prince? luy qui sur
le tombeau d'Achilles, enuia le bonheur de ce Heros, parce qu'il auoit eu
Homere à chanter sa gloire. Quelle
passion ne fit il poinct remarquer
pour cet Autheur? luy qui mettoit
tous les soirs son liure sous le cheuet
auec vne Espée, qui vainquit tout
l'vniuers? qui le sçauoit tout par
cœur; qui ne prist de tous les super-
bes meubles de Darius, qu'vn Coffre
precieux, pour garder ce precieux Liure, pour qui sept villes de la Grece,
ont disputé le Berceau de sõ Autheur.
Quelle prefference glorieuse fut la sienne? lors que quelque vn luy offrant
comme vne grande rareté, la Lire de
Paris

Diog. Laert.

Plutarque
en sa vie.

Plutarque.

Plutarque.

Plutarque au
Traicté de la
fortune de
ce Prince.

Paris, qu'il difoit auoir trouuée, parmi les ruines de Troye , il luy refpon-
dit *qu'il n'auoit pas befoing de celle là,*
puis qu'il auoit celle d'Achilles, entendant parler de l'Iliade. Auec quelle
grace obligeante , repondit il à ce
Courier? qui luy dit en arriuant,qu'il
luy aportoit vne bonne nouuelle;lors
qu'il luy demanda *fi Homere eftoit ref-*
*fufcité?*quel refpect fut le fien pour les
Mufes! lors qu'en la ruine generale de
Thebes , il fit conferuer comme vn
Temple inuiolable la feule Maifon de
Pindare? Quelle paffion fut la fienne
pour la Poëfie? lors qu'au milieu des
neiges & des glaces , & de toutes les
rigueurs de l'hiuer, il s'efcrioit aux In-
des, en marchãt à pied, à la tefte de fon
Armée , *ô Grecs, que ie fouffre de peine!*
pour pouuoir meriter vos vers! de quelles refcompenfes ne combla point ce
grand Prince, les Poëtes qui la meritoyent? il faudroit faire vn Volume,
pour dire ce que leur donna , celuy

Plutarque au traicté de l'exercice de la vertu.

Plutarque

Plutarque.

G

qui de toutes ſes conqueſtes , & qui
de tous ſes butins, neſe reſeruoit que
l'eſperance; qui diſoit luy meſme,

qu'ilne pouuoit rien leur reffuſer; &

qui leur àſouuent donné , des Prouinces toutes entieres,pour auoir fait
debons vers: certainement les beaux
Eſprits de ſon Siecle , neſe doiuẽt pas
tant dire, auoir eſté ſous Alexandre,
que par Alexandre : car tout ainſi
que la bonne temperature de l'air,
cauſe l'abondance des fruicts, de meſme, la faueur & la liberalité des grãds,
eſt ce qui perfectionne les Arts :
comme au contraire, leur rudeſſe ou
leur auarice , en empeſche la perfection. Car comme l'a fort bien
dit vn Poëte,

Aux fers de la neceſſité,
L'eſprit n'a point ſa liberté.

Les Naturaliſtes nous aſſurent,que
la Montagne de Parnaſſe eſt ſi froide,

que les habits s'y pétrifient: de sorte
qu'il ne faut pas s'eftonner, fi la veine
la plus coulante eft gelée, lors que
le Soleil ni darde point fes rayons
d'or. c'eft ce que n'ignoroit pas le Roy
Lifander, qui pour peu de vers, fit, Plutarque.
donner vn boiffeau tout plein d'argent à Archiloque;mais ie crains bien
que noftre Siecle , ne mefure iamais
pour nous, les piftolles de cette forte.
Enfin toute la Grece à (s'il faut ainfi
dire) adoré la Poëfie, & ceux qui la
faifoient auffi. Et l'hiftoire conferue
encore, de fi precieufes marques, de
l'amour que les Grecs auoyent , &
pour les vers,& pour les Poëtes,qu'a-
moins que de renoncer à la raifon &
au fens commun,on nefçauroit douter qu'ils ne teinffent dans leurs Royaumes, & dans leurs Republiques, vn
rang extremement confiderable ; &
qu'ils ne fuffent regardez en ces heu-
reux temps , comme des hommes ex-
traordinaires , qui auoyent receu du

Ciel & de la Nature, vne grace fort
peu commune: & qui meritoyent par
là d'estre considerez, comme l'obiet
de la bien veillance, & de la liberalité
des Dieux. Mais il est temps de voir
si Rome, qui fut l'Escolliere d'Athenes, n'aprit pas d'elle à estimer la
Poësie; & si des personnes illustres, ne
s'y sont pas adonnées. Si nous en
voulons croire vn grand homme,
Terence n'a pas seul la gloire, de ses
belles Comedies: car l'inuincible Scipion, & le sage Lælie, les ont quasi
toutes faites: & ce grand Africain aimoit si cherement le Poëte Ennius,
qu'il voulut l'auoir pour compagnon de tous ses voyages: & apres sa
mort il luy octroya droit de sepulture
en son propre tombeau, edifié en la
voye Apie, sur lequel il fit esleuer la
statuë de cet excelent Poëte. Asinius
Pollio homme Consulaire & grand
Poëte, fit sa principale estude, d'es-
crire des Tragedies: Quintus Cicero,

Plutarque

Horace od. 1.
l. 2.

Pline l. 6. ch.
30.

personne de haute importance, fit des Au raport de l'Orateur.
Tragedies auffi. Ciceron luy mefme,
compofoit des vers fort fouuent ; & Plutarque en fa vie.
pour cela le cabinet partageoit les
heures de ce Conful Romain, auec
la Tribune aux Harangues. Cet in-
flexible Caton d'Vtique que quel- Plutarque en fa vie.
ques vns ont nommé *le dernier des*
Romains, employoit les heures de
fon loifir à la Poëfie : Ce grand & ri- Plutarque en fa vie.
che Luculle, eftoit fçauant & prompt
à faire des vers : & fi nous voulons
defcendre, vers la fin de la Republique, & vers le commencement de
l'Empire, nous y trouuerons des Poe-
tes, qui ont efté les Maiftres de la Ter- Suetone en fa vie ch. 56.
re. Iule Cæfar, ce vainqueur de tant
de nations, compofa la Tragedie
d'Oedipe : & cet illuftre Dictateur, ne
dedaigna point de mefler fur fa tefte,
le laurier d'Apollon à celuy de Mars.
Augufte fon Succeffeur, efcriuit deux Suidas.
Tragedies, celle d'Aiax, & celle d'A-
chile : & ces deux grands Princes, Plutarque

G iij

ayans voulu eſtre receus au Colege des Poetes, que nous apellons au iour-d'huy Academie, Iules trouua bõ lors qu'il y entra, qu'Accius excelent Poe-te, qui preſidoit en cette Aſſemblée, ne luy veint poinct au deuant, & qu'il ne quitaſt point ſa place. Mæcene rendu

Seneque Ep. 19.

ſi fâmeux, par tous les Eſcriuains de ſon temps, à compoſé deux Trage-dies, le Promethée, & l'Octauie. Oui-

Diuers Au- theurs le ra- portent mais ces Poemes ſont perdus.

de Cheualier Romain, parmi tant de rares Ouurages, fit la Tragedie de Medée; & Lucain excellent homme, en fit vne du meſme ſubiet; & diſputa le prix d'vne autre, contre vn Empe-

Donatus en ſa vie.

reur qu'il vainquit. Le grand Virgille, immortel en ſon Eneide, ſi nous en voulons croire vn Autheur, Compo-ſa cette Tragedie du Thieſte, ſi fa-meuſe parmi les Latins. Horace cele-

Plutarque

bre Lirique, commandoit des Trou-pes dans l'Armée de Brutus, & neant-moins il fut depuis infiniment chery d'Auguſte, & de Mæcenas, qui luy fit

faire des obſeques, ſuperbes & magnifiques. Seneque qui à fait de ſi belles Dion.
Tragedies, gouuernoit preſque tout
l'Empire: Pomponius Secundus, qui Sextus Au-
auoit eſté deux fois Conſul, à com- relius &
poſé des Tragedies; l'Empereur L. An- Delrio.
nius Verus, à fait auſſi des Poemes de
Theatre : & pour couronner la gloire
de la Poeſie, ie n'ay plus qu'a dire, Plutarque.
qu'autrefois à Rome, on couronnoit
de meſme laurier, les Poetes & les
Empereurs : & qu'on menoit les vns
& les autres ſur vn Char de Triom-
phe, lors qu'ils l'auoyent merité. &
certes ce n'eſt pas vne petite gloire
pour les Poetes, de marcher à coſté
des grands Capitaines, mais auſſi n'eſt
ce pas vn petit auantage aux grands
Capitaines, de ſe trouuer en meſme
Siecle que les bons Poetes : car les
belles actions meritent bien l'immor-
talité, mais pourtant les Poetes la
donnent. Et ceux qui font les belles
choſes, quand ils manquent de ceux

qui les difent, peuuent s'affurer qu'eux & leur gloire, auront vn mefme Tombeau. Il eft certain que la valeur de beaucoup de Conquerans, vit en la memoire des hommes, mais il eft certain auffi, quelle n'y viuroit pas fans nous : car mille rencontres & mille batailles, mille affauts & mille conqueftes, ont autrefois efté faites en l'vniuers, que le temps à couuertes pour iamais, de cette ombre efpoiffe de l'oubly, qui derrobe tant de chofes, aux yeux de la pofterité : & fi la valeur d'Achile & d'Augufte, n'auoit rencontré Homere & Virgille, elle n'efclateroit pas auiourd'huy. Mais fans m'efloigner dauantage de mon chemin, difons que la Grece & l'Italie, ne font pas les feules Prouinces, ou les Mufes ont quelquefois monté fur le Trône: elles ont regné par toute la terre, & dans tous les Siecles; & ie ne fçache point de Nation ou ie n'en trouue

S. Hierom.
Belar.
Baroni.
Toft.

des Exéples. Si nous tournons la veüe

vers

vers la Paleſtine, nous y verrons vn
Roy dont la harpe eſt plus harmoni-
euſe, que la Lire d'Apollon; vn Mont
de Sion, plus fameux que celuy de
Parnaſſe; vne fontaine Siloé, plus pu-
re que l'eau d'Hipocrene; & ſes Pſeau-
mes plus excellens, que tous les Can-
tiques d'Orphée: nous y verrōs encore, & des Sages, & des Reines, ſuiure
la voix de ſon fils, qui n'auoit pas
moins herité, de ſon entouſiaſme
que de ſon Sceptre. Si nous regardons vers la France, & vers les
anciens Gaulois, nous y remarque-
rons des Poëtes nommez Bardes, tant
reſpectez de leur Nation, que deux
Armées eſtans preſtes à donner bataille, s'il ſuruenoit vn de ces Poëtes,
le reſpect ſuſpendoit leurs armes; il
aprenoit leur different; & les accor-
doit ſans combatre: *tant* dit vn Autheur *le Mars Gaulois, ſçauoit reſpecter*
les Muſes. Que ſi ſans ſortir de la
France, nous aprochons plus pres de
H.

Toutes les
Oeuures de
Dauid & de
Salomon ſōt
Poëſies.

Diodore.
Strabon
Athenée Lu-
cain. Poſſi-
donius Ca-
ton Archiloc.

noſtre Siecle , nous y pourrons voir
Charlemagne , dont l'Eſgliſe chante
encore des hymnes qu'il à compoſées:
& deſcendant touſiours plus bas,
nous y verrons vn ThibautComte de
Champagne , qui fit ſes vers pour
Blanche de Caſtille , Mere de noſtre
Sainct Louis. Vn Raoul Comte de
Soiſſons, vn PierreComte de Bretagne, vn Charles Comte d'Anjou , vn
Raimond Comte de Prouence , vn
Dauphin d'Auuergne, vn Comte de
Poictou, vne Comteſſe de Die , vn
François premier,qui fit l'Epitaphe de
la Laure de Petarque,ce fameux Poëte que l'on couronna dansRome,par
les mains du Comte Anguinare , Vi-
caire du Pape alors,& enfin vn Charles Neufieſme qui fit tant de vers,à la
gloire de Ronſard. Si nous paſſons
en Nauarre ,nous y verrons vn Roy
Phœbus , & vne Reine Marguerite,
dontlesOeuures viuent encor.Si nous
allons enEſpagne,nous y trouuerons
vnRamiresRoy d'Arragon,excellent

Eguinard

Eſtiennepaſ-
quier en ſes
recherches.

Paſquier.

vois leurs li-
ures.

hiſtoire d'Eſ-
pagne.

Poëte enfon temps. Si nous paffons en
Angleterre, nous y verrons vn Ri-
chard, & vne Helifabet fur le Trofne,
qui fçauoyent faire des vers : fi nous
regardons l'Efcoffe, comme la Grande Bretagne, nous y rencontrerons vn
Iacques Premier, qui Signala fa Poëfie & fon fçauoir. Si nous iectons les
yeux fur l'Alemagne, nous y verrons
vn Federic Empereur, grand Poëte
comme grand Guerrier : Si nous allons à Venife, nous y admirerons vn
Cardinal Bembo ; & fi nous retour-
nons à Rome, nous y verrons vn Vr-
bain Huitiefme, qui de la mefme main
dont il tient les Clefs du Ciel, efcrit de
fi beaux vers Latins & Italiens. Enfin
toutes les Nations de la terre, ont fait
vne eftime tres particuliere de la Poe-
fie : & l'on voit bien mefme qu'elle
eft vne inclinatiõ naturelle aux hommes, puis qu'on la trouue eftablie, parmi ces peuples Sauuages , qui n'ont
aucune inftruction · & qui pour fe

Hiftoire
d'Angleter-
re.

Vois fon Pre-
fent Royal &
fa Lepante

Pafquier.

Vois fes Oeu-
ures.

Vois fes him-
nes.

Relations de
Canadas par
vn Iefuite.

confoler, quand leurs Ennemis les af-
fomment, chantent mefme en expi-
rant, de funeftes vers qui difent en leur
langue *qu'ils ont defia vangé leur mort,
par celle de beaucoup de leurs ennemis.*
cela ne preuue t'il pas, que ceux ont
eu raifon qui ont dit, *que les Orateurs*

Prouerbe La-
tin.

*fe font, mais que certainement les Poë-
tes Naiffent?* & puis que cette inclination eft fi naturelle à l'homme, quelle fait quafi partie de luy mefme , elle
eft fans doubte excellente: car il eft dit
de tout ce que Dieu crea, *qu'il veit que*

Au Genefe.

cela eftoit bon. Que les ennemis de la
Comedie, regardent maintenant s'ils
ont des forces affez grandes , pour les
oppofer à celles de tous les Siecles , &
de toutes les Nations : & qu'ils fon-
gent, s'ils doiuent eftre affez perfua-
dez, ou pluftoft affez enchantez de
leur opinion, pour la preferer, à celle de
tous les hommes. de quelque amour
propre , que ces heretiques s'aueu-
glent, ils ne fçauroyent ignorer ce me

semble, qu'vn peu d'eau se corrompt
plus aisement que toute la Mer ; que
celuy qui marche seul, s'esgare facilement ; & que ce n'est pas sans raison,
qu'il est deffendu aux Medecins, de se
traicter euxmesmes en leurs maladies.
De sorte que sans defferer trop à leur
propre sens, au preiudice de celuy des
autres, ils peuuent mettre les armes
bas & donner les mains; Car il est bien
plus honteux, de resister à la raison
quand on la connoist, que de l'auoir
combatuë, lors qu'on ne la connoif-
soit pas. Car enfin; il y à beaucoup de
gloire, a suiure le Char, de cette victo-
rieuse; & les Sages ne sçauroyent trop
tost, quiter vn mauuais parti. Que si
maintenant nous voulons descendre, de l'honnorable à l'vtile, & de la
loüange à la rescompense, de quelles
richesses n'estoyent point Comblez,
les Virgilles, les Seneques, & tous ceux
que i'ay nommez ? Comme quoy les
rescompensoit Marc Anthoine? qui fit

donner la valeur d'vn ducat par cha-
que vers de deux gros volumes , que
luy fut prefenter Oppian , & qui
luy fit eriger , vne fuperbe Statuë , de-
dãs la Place publique : quelles grandes

penfions donnoit l'Empereur Vefpa-
fian aux Poëtes ? luy qui d'ailleurs,
comme ie l'ay defia dit , n'eftoit pas
tenu liberal. Enfin toute l'Antiquité
Greque & Romaine , les a chargez
d'honneur & de bien ; adoré les Poëmes de Theatre , & noftre Siecle qui
les imite aux loüanges des belles chofes , deuroit les imiter encore, aux refcompenfes qu'elle leur donnoit. Ceux
qui voyent le prix de la Courfe , vers
le bout de la Carriere, la paffent plus
legerement , & redoublent leurs ef-
forts pour l'obtenir. De mefme dans
les trauaux de la Mufe, il eft veritable
que de l'efpoir du prix vient l'Emulation , & de l'Emulation les beaux Ouurages : & certainement il eft bon, de
chocquer par fois les Efprits , car auffi

bien que des cailloux, il en fort vn feu
bien net & bien vif. Ceux qui nous
ont dit, que les Graces fe tiennent
toufiours par les mains , n'auroient
pas eu moins de raifon , de peindre
l'honneur & le profit en cefte poftu-
re. Ce font deux Diuinitez qui font
bien enfemble, & qu'on ne deuroit
iamais feparer. Ce n'eft pas qu'on
doiue regarder ce dernier , comme
fon principal obiet: mais enfin, les Cy-
gnes font des Oyfeaux, qui ont befoin
d'vne onde tranquile ; & qui veulent
n'auoir autre foing , que celuy de bien
chanter. Il eft certes fort difficile , &
i'ofe quafi dire impoffible, que parmi
l'embarras des affaires, le fouuenir du
paffé, le foing du prefent, & la crainte
de l'aduenir, l'efprit puiffe auoir cette
liberté, fi neceffaire à la production
des beaux Ouurages: car de ces pen-
fées facheufes & melancoliques , il
s'efleue des vapeurs fombres en l'efprit, qui en terniffent toute la lumiere,

& qui en esteignent toute la chaleur.
Aussi les Anciens qui connoissoyent
bien cette verité, dans la description
qu'ils faisoient du sesiour des Muses,
les logeoyent tousiours sur les Mon-
tagnes ou dans les vallées , parmi
les bois, ou sur les Rochers ; & iamais
dans le tumulte des villes. Voulans
tesmoigner par la , que la quietude &
le repos , est l'Element des Gents de
lettres : & qu'a moins que d'auoir sans
peine , toutes les choses necessaires, &
mesme toutes les agreables , cette fa-
cheuse priuation, leur est vn poids qui
les arreste , lors qu'ils veulent s'esleuer, & qui fait souuent voller terre à
terre , des plumes qui seroient capables , de se porter iusques au Ciel. I'o-
se dire à l'auantage de mon Siecle &
de ma Patrie, que la France aura des
Euripides & des Virgiles , tant qu'elle
aura des Alexandres & des Augustes. il
y a des Genies assez hardis , & assez
forts pour l'entreprendre, & pour le
faire

faire; & pourueu que les Puiſſances
cõtinuent de fauoriſer les Muſes Fran-
çoiſes, Elles eſgalleront ſans doute, &
les Greques, & les Latines, porteront
leur gloire dans l'aduenir , comme
elles ont porté iuſqu'a nous , celle de
ces grands Monarques ; & feront des
Ouurages dignes d'eſtre recitez , ſur
vn Theatre d'or & d'Iuoire. Ce ſeroit
icy par occaſion , & pour prouuer ce
que ie dis , que ie ferois l'Eloge de
quelques vns de nos Autheurs , ſi leur
reputation qui volle par toute la France , & que les Alpes , les Pirennées, &
l'Ocean n'ont pû contenir , ne l'auoit
des ja mieux faite que moy. mais apres
auoir eu tant de fois , l'aclamation des
Theatres , ie craindrois que parmi
tant de voix & tant de loüanges , la
mienne ne fuſt pas aſſez forte pour e-
ſtre entenduë , ni aſſez conſiderable
pour eſtre eſcoutée. ie me contenteray
donc de battre des mains auecques le
Peuple ; de teſmoigner par ma ioye, la

I

part que ie prens à leur gloire; & celle
que ie prendrois à leur bien, si la fortune se resoluoit, de rendre iustice à
leur merite. Certes mon interest à
part, si mes vœux estoyent exaussez,
on verroit les belles choses qui partent de leurs veilles, de mesme prix
que les Perles & les Diamans; si toutesfois ce n'est point encore trop peu,
pour payer des richesses si precieuses.
Mais apres auoir si bien fondé, la reputation de la Comedie, & celle de
ceux qui la composent; il n'est pas iuste de ne dire rien à l'auantage, de ceux
qui la representent. Les Organes qui
seruent à l'esprit, doiuent auoir quelque part, à la gloire de ses operations:
& nous deuons aprendre au Peuple,
qu'il doit estimer ce qui luy plaist;
croire que les bons Comediens, ne
meritent pas peu de loüange; & sça-
uoir que leur profession, n'est ni basse
ni honteuse. Ie m'imagine que beaucoup de personnes croiront, que ia-
uance vne proposition peu veritable;

que ie vay faire vn Paradoxe; & que
le difcours que ie promets, n'eft qu'vn
Ieu de mon efprit: Mais ie les coniure
de fufpendre leur iugement , & de ne
determiner rien , auant que d'auoir
apris , fi ie me trompe en les voulant
tromper; ou s'ils s'abufent plus toft, en
croyant que ie les abufe. Celuy qui
difoit qu'il ne fçauoit rien , eftoit plus
fçauât que ceux qui difoient qu'ils fçauoyent tout : & c'eft tirer vne confe-
quence bien fauce, que de croire qu'v-
ne chofe ne foit point , parce que nous
lignorõs. On feroit fans doute le plus
beau Liure du monde, des feules chofes que ne fçait pas, le plus docte homme de la terre : & certainement il n'y
à iamais eu que Salomon, qui ait con-
nu toute la Nature , defpuis le *Cedre* La Sainĉte
iufqu' a l'Hifope; & qui par vne reuela- Bible.
tion particuliere , n'ait rien ignoré de
tout ce qu'on peut fçauoir. Nos con-
noifsãces font sãs doute plus bornées; Au premier
& ce qu'Hipocrate à dit de la Medeci- des Aphorif-
mes.

ne, que *l'art eſt long & la vie courte* , ſe
peut dire de toutes les ſçiences. Et puis,
comme dans vn beau parterre au milieu de l'agreable diuerſité , de toutes
ſortes de fleurs , tel cueillira la Tulipe,
qui ne touchera point à l'Anemone, &
tel prendra l'Iris de Suſe, qui ne regardera pas le Narciſſe ; de meſme dans
l'abondance des liures , & dans cette
grande diuerſité de matieres , ce n'eſt
pas vne merueille , qu'vn autre n'aiſt
point veu ſans y penſer , ce que i'y ay
facilement rencontré , parce que ie le
cherchois. Mais comme les queſtions
de faict ſe doiuent vuider par la preuue, & que ce n'eſt pas moy qu'il faut
croire; ſans ioindre les forces de l'Elo-
quence, à celles de la verité, qui n'a pas
beſoin de ce ſecours, ie m'ē vay taſcher
d'eſtablir mō opinion, & de renuerſer
celle des autres. Les Noms de Tragus,
de Nicoſtrate, de Calipides, de Meniſ-
que, de Theodorus, de Polus , & de
beaucoup d'autres Comediens , ſont

Plutarque au
traicté des
Atheniens.

ſi connus dans l'Hiſtoire Greque, que
ie n'auray pas grande peine, à prouuer ma propoſition. Ce ſera donc de
la ville d'Athenes, qu'on aprendra
cette verité, ou les gents d'honneur
& de condition, pouuoient eſtre
Comediens, ſans perdre le rang, que
leur donnoit leur naiſſance : & meſme ſans ceſſer d'eſtre Comediens,
pretendre aux plus hautes charges de
la Republique, comme fit Ariſtoni- *Liuius l. 24.*
cus, qui eſtoit & Comedien, &Gen- *Æmilius Probus*
tilhomme, & Magiſtrat tout enſem- *Quintilien*
ble. Mais ce n'eſt pas le ſeul exemple, *Philoſtrate au liure des*
que ma memoire me fournit ; & ma *Sophiſtes.*
memoire meſme, ne me repreſentera
pas, tous ceux que ie luy ay donnez en
garde. Eſchines qui eut tant de part *Quintilien.*
au gouuernement de la choſe Publi-
que d'Athenes, eſtoit pourtant Comedien. Ariſtodemus eſtant de cette *Demoſtenes*
meſme profeſſion, fut ſouuent Am-
baſſadeur des Atheniens, vers Philip-
pes Roy de Macedoine : & traiſta des

choſes de telle importance , qu'elles regardoient le ſalut de toute la Grece.

Plutarque en la vie de Demoſthen.

Archias qui fut Comedien dans la Troupe de Polus , commandoit des gens de guerre ſous Antipater ; & ce

Plutarque. en la vie. des 10. Orateurs.

fameux Orateur Demoſtene , confeſſe qu'il doit quaſi toute ſa gloire , à Neoptolemus Comedien. Que ſi de cette ville libre , nous paſſons à la Cour des Rois, nous trouuerons dans

Plutatque en la vie. de Demetrius

celle de Liſimachus , vn Philipides Comedien , ſi fort aimé de ce Prince, qu'il croyoit que ſa ſeule rencontre luy portoit bonheur : & en effect , ce Comique eſt hautement loüé dans Plutarque , & deſpeint par ce Philoſophe , comme vn homme d'excellentes mœurs. Et veritablement ſa ſageſſe parut bien en ſa repartie, lors que ce Prince luy demandant , *ce qu'il*

Plutarque au traicté du trop parler.

vouloit qu'il luy communiquaſt de ſes biens ? il luy reſpondit *ce qui luy plairroit, pourueu que ce ne fuſſent point ſes ſecrets.* Mais ce n'eſt pas le ſeul

Comedien vertueux, dont l'Hiſtoire conſerue le ſouuenir : Elle nous parle auec admiration, d'vn Satyrus, qui ſe voyant preſſé par Philippe Pere d'A-lexandre, de luy demander quelque liberalité, ne voulut rien auoir de ſon Maiſtre, que les deux filles d'vn de ſes Amis, que ce Prince tenoit priſonnie-res de guerre. Et les ayans obtenües ce genereux Comedien, de peur que ſa vertu ne fuſt mal interpretée, les ma-ria de ſon argent, ſans meſme les me-ner chez luy ; & des mains du Roy qui les luy doñna, il les fit paſſer ſur le champ, eñ celles des Maris qu'il leur choiſit. Cet inuincible & grand Ale-xandre, aimoit tant vn Comedien nommé Theſſalus, que l'ayant veu vaincu par vn autre, qui s'apelloit Athenodore, il dit aux Rois de Cypre leurs Iuges, *qu'il luy faloit donner la Couronne, puis qu'il l'auoit meritée, mais qu'il voudroit auoir perdu la moi-tié de la ſienne, & que Theſſalus n'euſt*

Plutarque de en la vie Philipe.

Plutarque au traicté de la fortune de ce Prince.

pas efté vaincu par luy. Voila certes fi-
gnaller fon affection, & iuger en
mefme temps, fans eftre preocupé.

Aufli ce mefme Athenodorus peu de
temps apres, aiant efté condamné à
l'amende, parce que pour fuiure Alexandre il auoit manqué de fe trouuer
dans Athenes, à la fefte des Baccha-
nales, le pria de vouloir efcrire en fa
faueur; mais ce Prince aimant mieux
faire vne liberalité qu'vne demande,
la paya de fon argent. Ce n'eft pas la
feule magnificence, dont ce genereux
Conquerant, à gratifié les Comediens:

& l'auanture de Lycon eft trop galan-
te, pour ne s'en fouuenir pas icy. Cet
Acteur aiant fait couler adroicte-
ment quelques mots, parmi les vers
qu'il recitoit deuant ce Prince, par lef-
quels il fembloit tacitement, luy demander quelque chofe; il s'en prift à rire de bonne grace, & luy fit donner fix

mille efcus. Enfin tous les Grecs ont
honnoré les Comediens; & Polus ioi-
gnant

gnant l'vtile à l'honnefte , à gagné fix
cents efcus en vn iour : ce qui monftre
que ce gain mefme n'eft point honteux puis que ceux qui le faifoyent, eftoyent receus aux Charges de la Republique. Et certes c'eft encore vne
erreur affez plaifante, que celle de ces
perfonnes qui s'imaginent, que ces de-
niers font maudits : & que la honte
pretenduë des Comediens , vient du
Salaire qu'ils exigent. Mais ie pourray
fuiure vne opinion fi bizarre , lors
qu'entre tant de conditions differentes, ou les hommes font occupez, ces
iniuftes Cenfeurs m'en auront pû
nommer vne, qui ne face point payer
fon trauail. Ie ne fçache aucun affez
fou , pour femer fans efperance de re-
cueillir : & tout labeur fe propofe la
refcompenfe pour fa fin. C'eft vn
commerce qui maintient la focieté
Ciuile ; qui attache les hommes les
vns aux autres ; & dont il n'eft point
de condition fi releuée qui fe paffe, ny

K

qui fe puiſſe paſſer. Auſſi cette ateinte eſt ſi legere, que ie ne la pare que pour ne neſgliger rien , & i'en ris pluſtoſt que ie ne la blaſme. Mais ne tardons pas dauantage en Grece;&puis que ce fut à Rome que furent faites certaines loix, qui ſemblent eſtre contre les Comediens, faiſons voir que ceux qui le croyent, confondent mal à propos les choſes;&ne ſçauent pas faire la difference, d'vn Bateleur & d'vn Comedien,quoy quelle ſoit & bien grāde, & bien ſenſible. Les Loix Romaines qui

Horloge des Princes.

commandoyent , *de ne reçeuoir aucun Comedien en cette profeſſion , ſans premierement informer & de ſes mœurs & de ſa vie , pour ſçauoir (* dit la loy) *s'il eſtoit homme de bien, ſage & prudent ,* n'auoient garde de les enueloper dans l'infamie de ces vagabonds

Pline ſecōd au Panegirique de Traïan.

ſans adueu, pour qui les ignorans les prennent. Et le ſage Nerua qui reſtablit la Comedie, que ce Monſtre de Domitian auoit chaſſée de Rome, fit

bien voir qu'il consideroit les Comediens d'autre sorte, que ces infames
Bateleurs que l'ignorance prend
pour eux, qui ne sont rien moins que
cela. En effet, pour connoistre cette
verité, il ne faut que se souuenir, que
les Vestales qu'on enterroit viues,
pour les moindres impuretez, vne
l'ayant esté pour auoir fait vn vers le Rheteur.
qui disoit, *qu'il y auoît bien du plaisir* Seneque en ses Contro-
d'auoir vn Mary, & d'en receuoir les uerses.
carresses; auoient neantmoins la per-
mission, d'aller voir la Comedie: ce Suetone en
qui monstre qu'elle estoit purgée de Auguste.
toutes sortes d'ordures, puis que des 24.
Vierges Sacrées, alloient souuent l'es-
couter. & par concequent, que les loix
auroient esté iniustes, d'imprimer aucune tache d'infamie, à ceux qui ne
disoyent pas vne parole, qu'vne Ves-
tale ne pust entendre sans rougir. Mais
pour adiouster encore quelque chose
de plus pressant, disons, qu'a Rome, Suetone en
(au raport d'vn bon Autheur) les ieu- Tibere. 4. S.

nes gents de la plus haute qualité , se
mefloyent parmi les Comediens , &
recitoyent & sur le Theatre ,&deuant
le Peuple, certains rosles qui s'appel-
loyent, *Atellanes*; & ces mesmes Pe-

Titeliue.

res , qui faisoyent mourir leurs propres enfans , pour auoir vaincu sans
leurs ordres, les carressoyent quand ils
auoyent bien fait sur la Scene. Sous le
Consulat de Caius Sulpitius , & Lici-
nius Stolo , la peste ayant rauagé tou-

Claudius Ru
fus. 54.
Plutarque
aux deman-
des des cho-
ses Romai-
nes.

te la ville de Rome, & emporté tous
les Comediens, parmi ce grand nombre d'autres habitans ,le Senat les iu-
geans necessaires à la Republique, en
enuoya demander aux Thoscans, par
vn Ambassadeur expres, auec beaucoup d'affectiõ : & receut auec vn respect extreme , Hister ce fameux Comedien, du nom duquel tous ceux de
sa profession, furent nommez Histri-
ons. Mais pour descendre de la Republique à l'Empire, disons que Iule

Plutarque.

Cæsar, fit reciter sur le Theatre public,

Laberius Cheualier Romain , fans
que cette action luy fift perdre fon râg
au Senat. Augustefit vne ordonnan- Tacite.
ce, par laquelle les Comediens qui l. 14. chap. 1.
commettoyent quelque crime , ne
pouuoyent eftre punis, que comme
Citoyens Romains , & non pas dufu-
plice des infames & des Efclaues. Luculle ne dedaigna point de prefter fes
propres habits aux Comediens pour Plutarque.
reprefenter, & les fit choifir fur cinq
mille robes dePourpre. l'OrateurRo- CiceronOr
pro Rofc.
main confeffe , qu'il aprift la decla-
mation de Rofcius , & d'Æfope le
Tragedien; & publie hautement l'a-
mitié qu'il auoit pour eux, luy qui
pourtant eftoit Conful : & ce grand
homme, loüe & deffend ce premier
dans vne Oraifon, & ailleurs il affure Ciceron de
que les Deuins predirent comme il e- la nature des
Dieux. l. 1.
ftoit encorEnfant,qu'il n'y auroit rien
vn iour, de plus illuftre,& de plus celebre que Rofcius: en effect, il obtint Macrobe
l'Anneau & le rang de Cheualier, Paline.l.7.
chap. 39.

tout Comedien qu'il eſtoit , & ſans
quiter ſa profeſſion. Mais pour ne
laiſſer rien à dire,qui regarde le Theatre , & pour iuſtifier les Comedienes,
auſſi bien que les Comediens, diſons
que noſtre Siecle n'eſt pas le ſeul, qui
a veu ce Sexe ſur la Scene : puis que
l'Hiſtoire nous parle , d'vne Luceia,
& d'vne Galeria Copiola, qui recitoit
à la dedication du grand Theatre de
Pompée : ce qui fait voir que cela
n'eſt point vne deſprauation de noſtre
Siecle, puis que celuy qui produiſoit
des Cornelies & des Porcies , auoit
auſſi des Comedienes. Et s'il eſt vray ,
comme le tiennent les Medecins , que
la longueur des iours ſoit vne mar-
que de l'innocence , & de la pureté de
la vie; d'autant que les deſordres rui-
nent la ſanté & alterent le tempera-
ment; on ne ſçauroit douter de celle de ces deux femmes , puis que l'Hiſtoire remarque, que l'vne auoit cent
cinq ans lors qu'elle mourut , & que

Pline l. 10. chap. 63.

l'autre en auoit cent douze qu'elle recitoit encore fur le Theatre de Rome.
Ainfi l'on peut connoiftre facilement,
que ces ordonnances dont les ennemis de la Comedie, penfent la pouuoir battre en ruine, ne furent iamais
faites contre elle. Et quand il feroit
veritable, que la foudre de ces loix,
auroit efté lancée fur les Comediens,
ce qui n'eft pas ; ils pourroient appel-
ler de cette iniuftice, auecques les *Pline l. 19. chap. 1.*
Medecins, qui par vn Decret du Se-
nat, furent fix cens ans bannis de Rome : Eux de qui la fcience vient, *Du*
tres-haut, qui la crea dans le Ciel pour *Aux Nom- bres 1. ch. 38.*
le bien des hommes, au raport d'vn
tefmoing irreprochable. Et certainement s'il eft arriué quelquefois que le
Senat ait prononcé des Arrefts contre
les Comediens, ce n'a pas efté pour
leurs crimes, ny pour les vices de leur
profeffion : mais ça efté feulement,
parce que quelques mefchans Princes
les auoyent aimez : & que condam-

nant leur memoire, il croyoit deuoir condamner aussi, tout ce qu'ils auoiēt aprouué. *Tout ce qui vient des enne-*

Virgille en l'Æneide.

mis est suspect (dit vn grand homme) *Et leurs dons mesmes ne sont pas ex-empts de soubçon :* & comme les eaux minerales retienent cette qualité des lieux sousterrains ou elles passent, de mesme croit-on qu'il reste quelque impression du vice des mauuais Princes, en toutes les choses dont ils ont fait leur occupation ou leur plaisir.

Plutarque.

Les Atheniens entendant vn meschant homme, qui proposoit vne chose fort vtile à la Republique, or-donnerent qu'on la receuroit, mais à condition qu'elle seroit proposée par la bouche d'vn autre qui fust plus homme de bien. Cela monstre fort clairement, que l'on condamne quel-quefois des choses, par des conside-rations estrangeres, qui d'elles mes-mes sont absolument innocentes : La fortune qui se plaist aux choses capri-cieuses,

cieuſes , peut faire ſoubçonner vne
fille dont la pureté ſera ſans reproche,
parce que par des raiſons cachées , &
difficiles à comprendre , on la verra
ſortir d'vn lieu de desbauche : & nous
en auons vn exemple, en cette gene-
reuſe Veſtale, pour qui le premier Seneque à fait vn ſi beau plaidoyé. Il en Seneque le
pere en ſes
controuerſes.
eſt de meſme de la Comedie ; car la
voyant ſortir du Palais de ces Tigres
Couronnez, l'on à creu qu'elle s'eſtoit
proſtituée, & qu'elle auoit perdu toute ſa pudeur. Mais on ne ſçauoit pas
qu'auſſi bien que la Veſtale, elle auoit
ſouuent porté le poignard dans le ſein
de celuy qui la vouloit violler : & que
par l'obiet de la punition des crimes,
elle auoit ſouuent imprimé la crainte, en l'ame de ces barbares , & enchainé quelque fois ces beſtes feroces,
dont elle ne pouuoit pas changer entierement , les cruelles inclinations.
C'eſtoit ſans doute de cette ſorte
qu'elle agiſſoit, aupres de cet Alexan-

L

dre Tiran de Pheres, qui prophana le
glorieux Nom qu'il portoit, lors que
par vn obiet pitoyable, & par des ex-
preſſions touchantes , elle eſmut ſi
bien cet homme de roche , iuſqu'a
lors inſenſible à la pitié, qu'elle le for-
ça de pleurer: Tant qu'il eut honte de
ſes larmes, & qu'il penſa faire mourir
le Comedien , qui par vne feinte
puiſſante, auoit donné de la Compaſ-
ſion , à celuy qui n'en auoit iamais eu,
pour tant de douleurs veritables.
C'eſt de là que l'on peut iuger, que ces
ſeueres loix Romaines, ne furent point
faites contre les Comediens, ou qu'elles furent iniuſtes, en reietant les vices
des Princes , ſur ceux qui tachoyent
de les corriger: & qui par des exemples vtiles & vertueux , eſſayoient de
calmer les paſſions, en ces ames vio-
lentes; & d'arreſter le premier & dangereux mouuement , de ces Monſtres
qui pouuoyent tout. Mais pour faire
ſuiure l'vtile à l'honneſte, voyons à

quel poinct de richesses estoit monté,
cet Æsope le Tragedien , dont i'ay
desia parlé ailleurs, puis que faisant vn
festin à ses Amis , vn seul plat luy
cousta quinze mille escus. Son fils Comedien cõme luy , à qui il laissa à cinq
cents mille escus d'heritage , faisant
vn festin à son tour, fit seruir vn assez
bon nombre de grosses Perles , à chacun des Conuiez, comme les dragées
du dernier Seruice du Banquet. Ce fameux Rocius , auoit sept mille cinq
cents escus de pension du Public. Ves-
pasian, qui comme ie l'ay desia remar-
qué n'estoit pas tenu liberal , donna
pourtant en vn seul present,vingt mille francs , & vne Couronne d'or, à vn
Comedien qui s'apelloit Apollinaris.
il s'est trouué des Comediens qui ont
Soldoyé des Armées ; basti des Temples , & des villes ; tenu le Sceptre de
Corinthe ; & ce qui vaut mieux que
la Couronne Royalle , merité celle du
Martyre, comme S. Ginesius, qui de la

Pline. l. 35.
chap. 12.

Pline. l. 9.
chap. 39.

Pline. l. 7.
chap. 39.

Supplement
de Tacite. l.
5.

Horloge des
Princes.

Martirolo.

Scene ou il representoit, fit l'Eschaf-
faut de son suplice, & le Theatre de sa
gloire. Enfin voila quelle estoit la Comedie parmi les Anciens ; voila quels
estoyent les Poëtes qui la compo-
soient; Et voila quels estoient encore,
les Comediens qui la representoyent
alors. Mais que ces derniers, n'abu-
sent point mal à propos de tant d'auã-
tages : car outre qu'ils ne doiuent pas
oublier, qu'ils sont comme la Statuë
de Memnon, qu'il falloit que le Soleil
regardast pour la faire parler, eux ne
pouuants rien dire sans les Poëtes : ils
se doiuent encore souuenir, ou pour
mieux dire ils doiuent aprendre, quels
estoyent ces Comediens tant estimez;
quel soing ils aportoyent à bien faire
leur mestier ; & de quelle façon il
auoyent aquis, vne estime si glorieuse. Ils sçauront que ce n'estoit ny en
riant quant il faut pleurer ; ny en se
mettant en colere quand il faut rire; ny
en se couurant quand il faut auoir le

Herodote
Diodore Si-
cilien Pline.
l. 36. chap. 7.
Pausanias
aux Atiques.

Tableau du
mauuais Co-
medien.

Chapeau a la main ; ny en parlant au
peuple quand il faut fupofer qu'il n'y
en a point ; ny en n'efcoutant pas l'A-
cteur qui parle à eux , ny en faifant
qu'Alphefibée, fonge bien plus à quelqu'vn qui la regarde, qu'au pauure
Alchmeon qui parle à elle ; en vn
mot, comme l'a dit vn grand homme, *les Comediens dans la reprefenta-*
tion , ne doiuent iamais agir comme il Plutarque en
leur plaift, mais toufiours comme le fub- la vie de De-
iet le demande. Il faut s'il eft poffible, moſthene.
qu'ils fe metamorphofent , aux Per- Tableau du
fonnages qu'ils reprefentent : Et qu'ils bon Come-
s'en impriment toutes les paffions, dien.
pour les imprimer aux autres ; qu'ils
fe trompent les premiers, pour tromper le Spectateur enfuite ; qu'ils fe croyent Empereurs ou pauures ; infortu-
nez ou contens , pour fe faire croire
tels ; & de cette forte , ils pourront
aquerir & meriter, la gloire, qu'auoyent aquife & que meritoyent leurs de-
uanciers. vn celebre Autheur, dit auoir Quintilien.

veu des Comediens , fi fort engagez
dans vn rofle trifte , qu'ils en pleu-
roient encor au logis: & cet Æfope de
qui i'ay defia parlé, ioüant vn iour le
rofle d'Atrée, en fureur contre fon frere , tua d'vn coup de Sceptre vn de fes
valets , qui paffa fortuitement deuant
luy, pour trauerfer le Theatre, tant
il eftoit hors de foy mefme ; & tant il
auoit efpoufé la paffion, de ce Roy
qu'il reprefentoit. Mais nous pouuons
encor adiouter icy, vn Polus Comedien Grec , qui reprefentant vne
Tragedie de Sophocle intitulée Electre, au lieu de l'Vrne d'Orefte, aporta
fur le Theatre , celle ou eftoyent ef-
fectiuement, les cendres d'vn fils vnique que cet Acteur auoit perdu depuis
peu : fi bien qu'il reprefenta naifue-
ment fa propre douleur, fous le nom
feint de celle d'vn autre. Voila les
Exemples que doiuent fuiure & imiter nos Comediens ; & non pas celuy
d'vn Acteur Grec nommé Pylades, qui

(marginal notes:)

Plutarque en la vie de Ciceron.

Aullugelle.

Macrobe aux Saturnales, l. 2. chap. 7.

en prononçant vn vers d'Euripide,
ou il'y auoit, *le grand Agamemnon,*
se guindoit, & se leuoit sur le bout des
pieds, iusqu'a souhaiter d'estre monté sur des Eschasses; lors qu'vn Spectateur iudicieux, luy cria qu'il le faisoit
haut, & non pas grand : comme en effect, ce deuoit estre par la maiesté graue de la prononciation , qu'il faloit
exprimer la grandeur de ce Prince, &
non point par cette posture alongée
& ridiculle. Mais ce n'est pas la seule
fois que ce Comedien, à recité les choses à contresens, ny la seule fois aussi,
qu'on l'en à repris de bône grace. Car
disant vn iour *ô Cieux.* Il môtra la ter-   Aullugelle.
re auecque la main ; & tout aussi tost
apres disant *O terre,* il haussa les yeux
au Ciel. Mais on ne luy pardonna pas
cette erreur, car on luy cria, *qu'il boule-*
uersoit tout l'ordre de la Nature. Il faut
que i'acheue ce discours, par son troi-
siesme malheur , aussi gracieux que les
deux autres, & releué par vne attein-

te, qui n'eſt pas moins deſlicate. Comme il ioüoit le roſle d'Oedipe aueugle, ne ſe ſouuenant pas qu'il auoit vn baſton à la main, dont il deuoit ſe ſeruir, pour teſmoigner ſon incertitude, & marchant d'vn pas trop ferme & trop reſolu, pour vn homme qui ne voit goutte, vn Spectateur luy cria, *tu vois*, & par deux mots de deux Silabes, luy fit remarquer en ſon action, vne grande impertinēce. Ce ſont la des Miroirs fidelles ou ceux de cette profeſſion, doiuent corriger leurs deffaux : & tacher d'oſter en eux meſmes tout ce que ma diſcretion, ne leur monſtre qu'en autruy. Ie dois ce teſmoignage à la verité, qu'il y à dans l'vn & dans l'autre de nos Theatres, & des Acteurs, & des Actrices, qui ne ſont pas loing de la perfection des Anciens, mais comme en les nommant, ie nommerois tacitement auſſi ceux qui n'en aprochēt point, ie ne publieray pas clairement la gloire des vns, de peur de publier
blier

blier la honte des autres. Toutesfois,
comme on peut parler plus libre-
ment des choses passées que des pre-
sentes, ie diray que le fameux *Mon-*
dory, a certainement eu peu d'esgaux,
dans les Siecles passez ny dans le nostre : & qu'il meriteroit, que la face
du Theatre, fust toussiours tenduë
de noir, s'il ne nous restoit quelque
esperance, de le reuoir sur la Scene.
Mais apres auoir parlé de la Comedie, de ceux qui la composent, & de
ceux qui la representent, il faut dire vn
mot de ceux qui l'escoutent. Ie pense qu'on les peut separer en trois ordres; Sçauans, preocupez, & ignorans : & subdiuiser encor ces derniers,
en ignorans des Galleries, & en ignorans du Parterre. Quand aux premiers
qui sont les doctes, c'est pour eux
que les Escriuains du Theatre, doiuent imiter ce Peintre de l'Antiquité,
c'est à dire, auoir toussiours le Pinceau
à la main, prest d'effacer toutes les

M

chofes, qu'ils ne trouueront pas rai-
fonnables : ne fe croire iamais à leur
preiudice ; fe faire des loix inuiolables
de leurs opinions ; & fonger qu'indu-
bitablement, on n'eft iamais bon iuge en fa propre caufe. Pour les Se-
conds, que i'apelle preocupez, & qui
font ceux qui apres auoir aueuglé-
ment, & par vne inclination incon-
fiderée, embraffé le parti d'vn Acteur,
condamnent auec iniuftice, tout ce
que les autres font de bien. Ie m'en

Plutarque. vay les traicter comme les Lacedemoniens traictoyent leurs enfans,
lors que pour leur faire horreur, d'vn
vice extrememement villain, ils faifoyent
enniurer leurs Efclaues en leur prefence. Ce fera donc de l'iniuftice des
Atheniens, que la leur aprendra à fe
corriger : & cela par vne hiftoire affez
plaifante & mefme affez courte, pour
n'eftre pas ennuyeufe. Vn de ces Ba-

Plutarque teleurs de l'antiquité, que le Vulgaire
aux
Simpofia- confond mal à propos, auecques les
ques l. 5.

Comediens , & qui s'apelloit Parmenon , ayant apris à contrefaire le cry
d'vn Pourceau , le Peuple y prist vn
merueilleux plaisir. De sorte que ses
compagnons , qui voyoient que cette
sottise attiroit vers luy , toute la liberalité des Auditeurs , se mirent tous à
imiter , la belle voix de cet Animal.
Mais quelque soing qu'ils aportassent,
à cette estude ridiculle , le Peuple leur
cria tousiours , *que ce n'estoit pas Par-*
menon. Vn de ces Gents piqué de la
gloire & du proffit de l'autre , iugeant
qu'il y auoit de la preocupation en cela , porta vn iour vn Cochon en vie,
caché sous sa robe, & le fit crier deuant
le Peuple qui dit encor, *que cela n'e-*
stoit pas mal , mais pour tant que ce
n'estoit pas Parmenon : & lors laissant
courir cet Animal parmi la place , il
leur fit voir que l'opinion est vn mauuais iuge , puis qu'elle leur auoit fait
croire vn homme , plus Pourceau ,
qu'vn Pourceau mesme. C'est de cet

exemple que les preocupez doiuent
aprendre, à ne iuger point temeraire-
ment : car il eſt certain que ce vice
change l'obiet en apparence, comme ſi l'on voyoit les choſes, à trauers
vn verre coloré. Cette maladie aproche fort de celle que les Medecins
nomment *hiſterique*, & que le peuple
apelle iauniſſe; qui fait croire au mala-
de, que la couleur de ſes yeux, eſt aux
obiets de dehors: & qui ne le laiſſe iuger ſainement de rien. Mais cette iauniſſe d'eſprit (ſi l'on peut bien parler
en la nommant de cette ſorte) eſt plus
dangereuſe que celle du corps, d'autant qu'elle ſe communique : &
qu'aprés auoir gaſté le iugement de
celuy qu'elle poſſede, elle fait paſſer
ſes erreurs en autruy. La fauce opinion eſt vn feu qui va bien viſte, & qui
commençant à bruller par des Caba-
nes, peut acheuer par des Palais: les
Arbres croiſſent dans la terre, mais
ils s'eſleuent iuſqu'aux Cieux ; & les
nuages qui partent de la terre auſſi,

obſcurciſſent parfois la clarté du iour.
De meſme ces opinions, preocupées,
qui ſouuent naiſſent dans le Peuple,
infectent iuſques aux gents de qualité : & c'eſt à quoy doiuent prendre
garde, ceux qui ſe meſlent de iuger.
Mais pour paſſer de la preocupation à
l'ignorance, diſons qu'Apelles n'eut
pas mauuaiſe grace, lors qu'il dit au
plus grand Prince de la terre, que tant   Plutarque.
qu'il n'auoit fait que regarder ſes Pein-
tures, & dire en termes generaux qu'elles eſtoyent belles ; chacun abuſé de
ſa bonne mine, & de la pompe de ſes
habits, auoit creu qu'il s'y connoiſ-
ſoit : Mais qu'auſſi toſt qu'il s'eſtoit
voulu meſler de diſcourir, du deſ-
ſaing, de l'ordonnance, du poinct de
veüe, de la perſpectiue, des r'enfon-
dremens, & du Coloris, les petits gar-
çons qui broyoient ſes couleurs s'e-
ſtoyent mis à rire, l'oyant parler d'vne
choſe qu'il n'entendoit point ; en des
termes mal apliquez; & qui chocquo-

ient les regles de l'Art. Ie penfe que quelques ieunes gents de la Court, n'auront pas fubiet de fe pleindre, fi ie les compare auec Alexandre, qui eftoit bien d'auffi bonne Maifon qu'eux; & pour le moins auffi honefte homme. Et fi ie leur dis, que lors qu'ils fe contenteront, de dire qu'vne Piece eft belle, fans aprofondir les chofes, leur bonne mine, leur Caftor poinctu, leur belle tefte, leur Collet de mille francs, leur manteau court, & leurs belles bottes, feront croire qu'ils s'y connoiffent: mais lors que pour condamner vn Ouurage, par vne lumiere confufe, ils feront vn galimatias de belles paroles, & voudront parler de regles; d'vnité daction & de lieu; de vingt quatre heures; de liaifon de Scene; & de peripetie; qu'ils ne trouuent pas eftrange, fi ceux qui fçauent l'Art s'en moquent; & fi leur opinion n'eft point fuiuie. Ce n'eft pas que ie veuille dire, que tous ceux de cette con-

dition, foyent atteins de cette ignorance; i'en connois de trop Spirituels,
pour aduancer vne propofition fi fauce: Mais auffi faut il qu'ils me confef-
fent, que tous ceux de leur Caballe,
ne font pas defgalle force en cette matiere: & qu'il y en a (s'il faut ainfi dire)
qui n'ont que l'efpée & la cappe. Et
ce font eux que i'exhorte à pratiquer
vn beau filence; afin que fi quelqu'vn
d'eux, ne peut pas eftre habille homme, il en foit au moins le portraict.
Vn Ancien difoit d'vn ieune garçon *Plutarque*
qui parloit fort peu, *que s'il eftoit fça-*
uant, il eftoit trop orgueilleux d'en vfer
ainfi; mais que s'il eftoit ignorãt, il eftoit
fage de fe taire. Et cet autre n'auoit
pas mauuaife raifon, qui fans s'arrefter
à l'exterieur, qui trompe fi facilement
par l'apparence, difoit a ceux qui l'a-
loyent vifiter, *qu'ils parlaffent afin* *Socrate*
qu'il les veift. La froideur des ftupi-
des n'eft pas fi differente de celle des
Philofophes, que les yeux ny puiffent

eftre deceus, & mefme il y a certains
ignorans adroits, qui de peur de s'em-
barraffer, font comme les Renards de
Canadas, qui ne paffent iamais fur
la glace fans efcouter; & fans y voir
paffer premierement, quelque animal plus pefant qu'eux. Tout de mefme ceux-cy ne s'expofent iamais au
hazard, de dire qu'vne chofe eft bonne ou mauuaife, qu'apres l'auoir en-
tendu dire a quelque autre, qui fçache plus qu'ils ne font; & de cette
forte, ils paffent auec honneur, pour
ce qu'ils ne font point du tout. Et
certes l'adreffe des vns, eft bien plus
loüable, que l'inconfideration des
autres, qui s'engagent a vn voyage
de long cours, fans connoiftre les
eftoiles ny les vens, la charte ny la
bouffole; ou pour parler fans figure,
qui difcourent, de ce qu'ils ne fçauent
point. Il s'imprime vn liure de la
Poëtique, ou les Caualiers & les Dames, pourront aprendre tous les fe-
crets

Relations du
Ieune.

crets de noftre Art ; Monfieur de la
Mefnardiere qui en eft Autheur les y
à traictez à fonds ; & c'eft dans l'Ouurage de cet excellent homme que ie
les r'enuoye, pour aprendre à iuger
fainement , des bons ou mauuais
Poëmes. Mais il s'en va temps pour
finir, de defcendre des Galleries au Parterre, & de dire vn mot en paffant, à cet
animal à tant de teftes & à tant d'opinions, qu'on apelle Peuple: quelqu'vn
demandoit vn iour à Simonides Poëte Comique , pourquoy il ne trom-
poit point les Theffaliens , auffi bien
que les autres Grecs ? *parce* (dit il)
qu'ils font trop groſſiers, pour eſtre trom-
pez parmoy : comme en effect dans
la Comedie, *celuy qui trompe eſt plus*
*iuſte, que celuy qui ne trompe point ; & *
celuy qui eſt trompé plus habile que ce-
luy qui ne l'eſt pas: Car celuy qui trom-
pe de cette forte eſt plus iuſte , d'au-
tant qu'il fait ce qu'il a promis ; & ce-
luy qui eſt trompé plus fage , parce

Plutarque au
traicté de la
lecture des
Poëtes.

Gorgias le
leontin.

N

que les moins groſſiers, ſont ceux qui
plus aiſement, ſe prennent par l'Artif-
fice des lettres , que les autres n'enten-
dent pas. Et de la vient qu'vne partie
de cette multitude ignorante, que la
farce attire a la Comedie , eſcoute
auecſi peu d'attention , les Poëmes
qu'on repreſente : par ce que ce luy eſt
vn obſtacle, qui l'empeſche d'arriuer
pluſtoſt a la fin , que ſa ſtupidité s'eſt
propoſée. Et de la procedent ces riſées
impertinentes , qui ſouuent naiſſent,
de la plus graue , de la plus ſerieuſe, &
de la plus importante action d'vne
Tragedie. Mais puiſque ces Centaures
demi hommes & demi cheuaux, ou
comme dit vn Italien , *Mezo huomo,*
mezo capra , è tuto beſtia , ne ſont
pas capables de gouſter les bonnes choſes ; qu'ils imitent au moins les
Oyes, qui paſſent ſur le Mont Taurus,
ou les Aigles ont leurs Aires, c'eſt a dire qu'ils portent vne pierre au bec,
qui les oblige au Silence. Ainſi lors

Le Guarini.
au Paſtor
Fido.

Plutarque au
traicté des
Animaux.

que la Comedie fera compofée , reci-
tée, & efcoutée, d'vne façon apro-
chante, de celle dont i'ay parlé , ie ne
craindray point de dire d'elle, ce que
i'en ay dit autrefois, *qu'elle eſt l'Obiet*
de la veneration de tous les Siecles ver-
tueux : le diuertiſſement des Empe-
reurs & des Rois ; l'occupation des
grands Eſprits ; le Tableau des paſſions;
l'image de la vie humaine ; l'Hiſtoire
parlante; la Philoſophie viſible ; le fleau
du vice ; & le Throne de la vertu.
C'eſt par cet Eloge veritable que doit
finir , L'APOLOGIE DV THEATRE.

F I N.

N ii

EXTRAICT DV PRIVILEGE
du Roy.

PAr grace & priuilege du Roy, il est permis à AVGVSTIN COVRBE', Marchand
Libraire à Paris, d'imprimer, vendre & distri-
buer vn liure intitulé, *l'Apologie du Theatre par
Monsieur de Scudery*, Faisant tres-expresses in-
hibitions & defenses à tous Libraires & Im-
primeurs, ou autres de nos Subjects de quelque qualité & condition qu'ils soient, d'imprimer, ou faire imprimer ledit liure, le vendre, faire vendre, ny debiter par nostre Roy-
aume, durant le temps & espace de dix ans, à
compter du iour qu'il sera acheué d'imprimer; si ce n'est de ceux dudit exposant: à peine de quinze cens liures d'amende, & de tout
despens, dommages & interests, comme il
appert plus au long par les lettres de Priuile-
ges. Donné à Paris le 20. Fevrier, l'an de gra-
grace 1639. Et de nostre regne le 29. Par le Roy
en son Conseil. Signé CONRAD. Et seellé
du grand sceau de cire jaune.

Les Exéplaires ont esté fournis, ainsi qu'il est porté par le priuilege

Acheué d'imprimer pour la premiere fois, le 10 May 1639.

www.ingramcontent.com/pod-product-compliance
Lightning Source LLC
Chambersburg PA
CBHW052135090426
42741CB00009B/2092